4차 산업혁명
기술 원리

4차 산업혁명 기술 원리

새로운 비즈니스를 발견하고
실현하기를 원하는 투자자와 일반인,
엔지니어 모두를 위한 책

임성열

에이콘

지은이 소개

임성열(sungryel.lim@gmail.com)

디지털 혁신 과정에서 필요한 소프트웨어 설계 유형과 특이점을 분석하고 산정해 비즈니스 가치를 찾아주는 컨설팅 역할을 하고 있다.

사기업과 교육기관 특임교수를 겸임했고, 미국 실리콘밸리 현지 연구소 정보 기술 인프라를 총괄했다. 현대그룹, 포스코그룹을 거쳐 현재는 SK주식회사에서 일하고 있다. 약 20년간 데이터와 소프트웨어 등 아키텍트 관련 일을 했다.

감사의 글

내가 여기까지 올 수 있는 에너지의 원천을 제공해주신 분들에게 이 글을 통해 감사의 마음을 전하고자 한다.

나의 연구와 기술 그리고 경험이 사회에 도움이 될 것이라 믿고 저술을 맡겨주신 에이콘출판사와 좋은 책을 만들기 위해 노력해준 편집 팀원들에게 감사의 마음을 전한다.

지금까지 홀로 자식들을 키워주셨기에 누구보다 아들을 가장 자랑스럽게 여기고 계시는 아버님, 30년 전 교편을 잡으시다 하늘나라로 가신 어머님, 6년 전 자식들 곁을 떠나신 장인어른 그리고 슬픔 속에서도 자식들에게 큰 사랑을 베풀어주시는 장모님께 이 책을 바친다.

마지막으로 항상 옆에서 응원해주고 지켜주는 아내와 나의 보물인 예린, 예준에게 이 작은 결실의 기쁨을 바친다.

임성열

서문

구글^{Google}이 알파고^{AlphaGo}를 등장시킨 이후, 어린아이부터 어른까지 모두 인공지능$^{AI, Artificial Intelligence}$을 말하는 시대가 됐다. 실제 기계가 바둑을 둬서 사람을 이긴다는 것은 놀라운 사실이 아니다. 많은 사람들이 관심을 보였지만, 이미 체스^{Chess}에서 기계가 사람을 이긴 바 있다. 또한 이런 사실만으로는 인류에 기여한 점이 하나도 없기 때문이기도 하다. 단지 투자 유치를 위한 홍보에 가깝다. 실제 인류에 가치를 주는 인공지능과 혁신을 위한 공식^{Formula}을 발견하는 진정한 승부는 이제 시작인 셈인데, 기술 원리를 이해하지 못하고는 진정한 가치를 발견하기 어렵다. 이 책은 각자의 시작점을 찾도록 돕는 역할을 할 것이다.

최근, 언론에서는 4차 산업혁명을 디지털 혁신$^{DT, Digital Transformation}$이라 일컫는다. 이는 디지털^{Digital}을 기반으로 기존 비즈니스^{Business}를 옮기고, 새로운 비즈니스를 만들어 가는 데 필요한 전반적인 기술 역량을 의미한다.

여기에는 클라우드^{Cloud}, 빅데이터$^{Big Data}$, 인공지능의 딥러닝$^{Deep Learning}$ 등과 같은 신기술들이 활용된다.

디지털로 전환하는 목적은 비용 절감뿐만이 아니다. 미국 실리콘밸리

Silicon Valley의 우버Uber나 넷플릭스Netflix 등과 같이 기존 비즈니스 방식에서 벗어나 서비스Service 중심 회사로 전환하는 혁신이다. 따라서 새로운 서비스를 위한 비즈니스 컴포넌트Business Component를 발견하고 가치를 이해하는 것이 필요하다.

이 책은 인공지능을 위한 데이터 과학 실행요약서로, 디지털 혁신을 위한 핵심 기술인 데이터 기술과 인공지능을 연계해 설명한다. 또한 어떻게 새로운 비즈니스 컴포넌트를 발견할 수 있는지를 알 수 있는 설계와 구현 사례, 가이드를 제공한다.

차례

개요편

개요편

The Executive Summary of Data Science for A.I.

개요편은 4차 산업혁명을 위한 기술들을 이해하고 적용하려는 목적을 가진 투자자, 경영진, 학생, 일반인을 위한 실행요약서Executive Summary다.

최근 사람들은 인공지능이나 머신 러닝Machine Learning을 흔한 이야깃거리로 삼고 있고, 투자자들이나 CEO들도 발 빠르게 대응하고 싶어 하는 추세다. 하지만 우리는 정작 이 기술들이 1950년대부터 존재했고, 전혀 새로울 바가 없다는 사실에는 익숙하지 않다. 다만 2007년 전후로 IT 엔지니어들이 클라우드나 빅데이터 기반 기술을 확대하기 시작하면서 기존의 머신 러닝도 영향을 받아 새로운 국면을 맞이했다. 대중들은 딥러닝이라는 과정을 거쳐 탄생한 알파고를 보고 열광하기 시작했다. 가히 급진적인 이벤트Event라고 할 수 있다. 그렇다고 해서 우리가 기술 본질 및 원리에 대한 이해 없이 무턱대고 투자, 사업 확장 및 인재 영입을 강행하는 것은 부실한 토양에 씨앗을 뿌리는 것과 같으므로 경계해야 한다.

이 책에서 우리는 정보 기술IT, Information Technology 및 데이터 과학Data Science이 인류 사회에 기여한 사실과 어떤 역할을 해왔는지 정리하고, 향후에는 어떻게 변화할 것인지 알아볼 것이다. 이를 위해 우리는 IT에 대한 기회 요인과 기술 원리를 이해하고, 실제 데이터 발명가로서 데이터를 분석하고 모형을 설계해 공식을 만들어 나가는 과정을 살펴본다. 이러한 활동을 통해 사회에 미치는 의미와 영향력을 독자 스스로 체득할 수 있다.

또한 우리 사회가 변화하고 발전해온 원동력에 대해 알아보고 자본주의, 시장 논리, 법규, 자본의 흐름 등 제약사항이 미치는 영향을 종합적으로 살펴본다. 개요편은 다음에 대한 답을 찾을 수 있도록 돕는다.

- 왜 다시 인공지능인가?
- 빅데이터는 어떻게 탄생했나?
- 데이터 과학, 무엇을 할 수 있나?
- 인공지능에 열광? 그럼 기술 원리는?
- 영화 속 인공지능과 실제 인공지능의 차이점, 사례?(로봇과 소프트웨어)
- 소프트웨어 아키텍처 지표란 무엇인가?

1

현재 시장의 고민

1.1 정체된 시장에 필요한 돌파구

1.1.1 레드오션과 블루오션

공기업이든, 사기업이든 일반적인 조직은 제한된 자원, 즉 시스템 한계
System Boundary 내에서 제품이나 서비스를 만들어 시장에 제공하기 위해
힘쓴다. 이들은 조직과 시장에 도움이 되는 전략을 선택하고, 기술 발전
과 함께 많은 제품과 서비스들을 개발한다. 사용자들은 만족도가 높은
일부 제품들을 시장에서 선택해 사용하며, 생산자들은 기술 발전과 사용
자의 관심에 따른 제품과 서비스의 수명주기를 이해하고, 혁신적인 제품
으로 개선하거나 새 제품을 만든다.

기술의 발전으로 탄생한 제품이나 서비스들은 자체적으로 수명을 갖고, 블루오션Blue Ocean과 레드오션Red Ocean을 오가는 생명체로서의 모습을 갖게 된다.

여기서 블루오션은 시장에서 제품이나 서비스가 지속적으로 가치를 지니고 있는 상태를 말하고, 레드오션은 기존 제품이나 서비스를 수용할 수 있는 시장의 수명이 얼마 남지 않아 생명을 연장하기 어려운 상태를 말한다.

기술의 발전은 인류에게 많은 기회와 가치를 제공했고, 이전 세대의 기술에 힘입어 새로운 기술이 탄생함으로써 이전에는 하지 못했던 일들이 가능해졌다. 예를 들어, 증기 기관의 발명은 경공업에서 중화학 공업으로의 전환을 가능하게 했고, 공장 근로자의 육체적·지적 노동력을 기반으로 대량 생산이 가능해졌다.

그림 1 인공지능인 자비스(Javis)와의 대화(영화 〈아이언맨〉에서 발췌)

컴퓨터와 인터넷의 발명은 다양한 소프트웨어와 네트워크를 출현시켜 인류가 존재할 수 있는 또 다른 시장인 온라인 공간을 만들어 내고, 기존 산업들을 이 공간으로 옮겨가게 했다. 이제는 온라인뿐만 아니라 오프라인이 실시간으로 연계되는 시장을 맞이했지만, 생산성을 핵심 가치로 하는 시장에서 인간의 육체적·지적 노동력은 더 이상 중심이 아니게 됐고, 스스로 사고하고 판단해 행동하는 소프트웨어와 하드웨어인 기계에게 그 역할을 내주게 됐다. [그림 1]에서와 같이 인공지능과 대화하는 모습은 이제 더 이상 상상 속의 이야기가 아니다.

알파고가 인류를 대표하는 프로바둑 기사인 이세돌을 이겼다는 뉴스는 더 이상 놀라운 일이 아니다. 이제는 알파고처럼 보여주기식 바둑이 아니라 실제 사람에게 가치를 줄 수 있는 분야에서도 제대로 된 혁신을 보여줄 수 있을 때 기계의 역할과 가치가 점점 더 늘어나게 될 것이다.

이러한 시장의 변화는 필히 기계와 사람 간의 역할 변화에 영향을 미치게 되고, 수많은 직업의 종말과 새로운 탄생을 야기하고 있다.

우리의 목적은 이러한 변화의 근본적인 이유와 기술 원리를 이해하고, 유기체와 같이 수명을 갖는 기술을 명확히 규명해보는 것이다. 기술 변화의 원리를 발견하면 미래 사회에 기존의 기술을 확장해 인류가 가치 있게 살 수 있는 방법을 발견할 수 있다. 즉, 블루오션과 레드오션을 규명하고 시장의 변화를 주도하는 중심에 설 수 있게 되는 것이다.

이제 개인이나 사회의 일원으로서 생각해보자. 미래 사회에 인류와 사회에 기여할 수 있는 역할을 발견해 블루오션의 중심에 서기를 원하는가? 아니면 변화하는 대로 레드오션으로 떠밀려 역할이 주어지기를 원하는가?

필자가 미국 실리콘밸리에서 현지 박사급 인력들과 한국 유학생들을 채용해 일을 했던 경험에 따르면, 한국 학생들은 근무 태도도 좋고 성실하지만, 실질적인 아이디어나 성과는 그리 뛰어나지 않다는 사실을 알게 됐다. 반면, 미국 현지 인력은 근무 태도가 자유롭고 자기 마음대로인 것처럼 보이지만, 의미 있는 성과를 거두는 경우가 많았다. 왜 이런 차이가 발생하는 것일까?

한국의 입시 시장에서, 시작부터 끝까지 정해진 문제를 잘 푸는 훈련을 받아 입시 위주로 성장한 풍토 때문이 아닐까 하는 아쉬움이 있다. 실제 미국에서 학생들을 가르칠 때 기술 원리와 방법을 알려주면, 학생들이 스스로 길을 찾고 필요할 때만 조언을 구하는 모습을 볼 수 있다. 교수가 일일이 알려주지 않는 것이다. 역할이 주어지기를 기다려서는 더 이상 스스로 만족하는 올바른 직업관을 갖기 어렵지 않을까 생각해본다.

1.1.2 투자자의 고민

시장이 블루오션과 레드오션이라는 수명 상태를 갖는다고 가정하면, 여기에 직결되는 흐름은 돈(자본)이 될 것이다. 돈(자본) 또한 유기체로 비유할 수 있는데, 유기체는 생리적으로 스스로를 더 성장시키려고 하는 욕구가 강하기 때문에 자기의 수명을 늘리거나 성장할 수 있는 곳을 본능적으로 찾아가게 된다. 이쯤 되면 돈을 벌고 싶은 사람들은 생각에 잠기게 된다. 만약 내가 돈(자본)의 수명을 늘리고 성장시킬 수 있는 기술 원리를 발견하고 실행하고 있다면 어떻게 될까? 그렇다. 당신이 그렇게 돈을 좇아 다니지 않아도 돈(자본)은 당신에게 관심을 갖기 시작할 것이다.

시장에서의 제품 또는 서비스는 블루오션에서 시작해 레드오션을 겪게 된다. 투자자의 입장에서 볼 때 제품이나 서비스의 블루오션을 예지할 수 있다면 더할 나위 없이 행복할 것이다. 이렇듯 자본은 가치 있는 제품이나 서비스의 형태로 시장에 나타나 사회에 영향을 미치게 된다.

그렇다면, 투자자도 이렇게 시장의 변화를 일으키는 기술 원리를 알아야 할 필요가 있지 않을까? 이 말은 복잡한 구성 요소를 파악하고 심도 깊은 기술 서적을 이해하라는 뜻이 아니다. 기술에 변화를 일으키는 기술 원리를 미리 간파하거나 현상을 이해할 수 있다면, 매우 효과적인 투자를 통해 사회에 큰 영향을 미치게 될 것이다.

오늘날 대중적으로 언급되고 있는 말 중에 인공지능이나 머신 러닝이 있는데, 아이러니하게도 이 기술들은 신기술이 아니라 이미 1950년대에 등장했다가 사라졌던 기술이다. 하지만 클라우드 컴퓨팅Cloud Computing의 등장으로 기존 컴퓨터의 한계(Von Neumann, Computer Architecture)를 극복하게 되고, 구글의 엔지니어들이 사용자들로부터 생성되는 대량의 빅데이터를 처리하는 기반 기술을 논문으로 발표하게 되면서 새로운 국면을 맞게 된다.

왜 하필 그 시작의 중심에 구글 엔지니어들이 있었을까? 다음 페이지 [그림 2]에서 보는 바와 같이 날마다 생산되는 데이터의 유형은 가히 급진적이다. 전체 데이터의 90%가 2년 이내에 생산된 데이터라는 보도를 접한다. 이러한 데이터들은 대부분 구글과 같은 검색 포털업체에서 쏟아져 나온다. 대부분의 기업들은 내부에서 자체 생산하는 제품이나 서비스를 고객이나 시장으로 내보내는 인사이드-아웃Inside-Out의 제공자이지만, 검색 포털업체의 경우 아웃사이드-인Outside-In 방식으로 수많은 사용자들이 생산해내는 데이터가 쌓이는 플랫폼^{Platform}이었기 때문이다. 제품이나 서비스 제공자로서의 데이터와 사용자로서의 데이터의 크기는 전 세계 산업계 생산자와 실제 인구 수, 소비자의 비율을 보면 그 차이가 많다는 것을 알 수 있다.

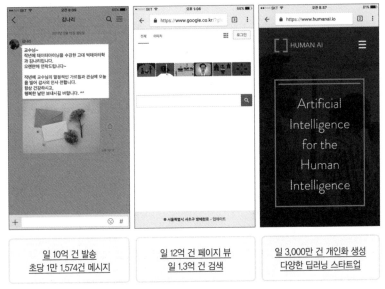

그림 2 날마다 생산되는 개인 데이터 유형(예시)

대부분 개인 또는 새로운 사용자들이 생산해내는 데이터들이었고, 구글과 같은 검색 포털업체가 그 플랫폼^{Platform}이었던 셈이다. 소셜^{SNS, Social Network Service} 메신저^{Messener}, 구글과 같은 검색 포털업체에 더해 사물 인터넷^{IoT, Internet of Things}이 가세했으며, 이제는 실리콘밸리에서 무수히 쏟아져 나오는 딥러닝 스타트업^{Start Up}들이 지금도 새로운 가치를 찾아 무수히 많은 데이터들을 생산하고 있다.

그림 3 클라우드 기술 알기(분산화＋가상화＝분산 파일 시스템)

[그림 3]에서 왼쪽은 기존 컴퓨터의 구조, 오른쪽은 클라우드 컴퓨터의 구조를 설명한다.

기존 구조의 제약점을 넘어서며 성능이 개선되는 모습을 알 수 있다. 이러한 구조는 이 책에서 계속 설명하겠지만, 비정형 데이터의 처리에 강점을 가진다.

특히 구글 같은 포털업체가 사용자화 또는 개인화하기 위해 생성하는 데이터들은 대부분 비정형 데이터들이다. 따라서 [그림 3]과 같은 클라우드라는 기술을 이용해 대량의 비정형 데이터 처리를 연구해야만 하는 생존 환경에 직면했고, 이를 통해 진화한 것이 오늘날 구글의 모습이다.

인간의 문자와 글, 영상, 그림 등과 같이 따로 수치화하지 않으면 컴퓨터가 바로 이해할 수 없는 데이터를 비정형 데이터Unstructured Data라고 한다. 반대로 정형 데이터Structured Data는 컴퓨터가 바로 이해할 수 있는 구조

Structure에 담긴 데이터를 말한다. 예를 들어, 엑셀의 셀과 같은 표Table의 구조에 값을 넣으면 컴퓨터가 바로 처리할 수 있다는 것에 비유할 수 있다. 현재까지는 관계형Relational DBDatabase 구조가 대표적이다.

정리하자면, 비정형 데이터는 Text 문서, 이미지, 동영상 데이터와 같이 고정된 필드에 저장돼 있지 않은 비구조화된 데이터를 말한다. 정형 데이터는 관계형Relational DB와 같이 고정된 필드Field(Relation 또는 Table의 열과 행이 교차하는 곳)에 저장된, 구조화된 데이터다. 2015년 IBM이 미국 백악관에 제출한 보고서에 따르면, 비정형 데이터가 전체 80%를 차지한다고 한다.

클라우드의 분산·병렬 처리 기술의 특성에 힘입어 이러한 대량의 비정형 데이터에 대한 실시간 입력과 조회에 특화된 기술이 탄생하게 된다. 이와 같은 기술 원리는 빅데이터 기술로 알려져 있다. [그림 4]는 구글 엔지니어가 최초로 소개한 빅데이터 기술에 대한 논문이다.

MapReduce: Simplified Data Processing on Large Clusters

Jeffrey Dean and Sanjay Ghemawat

jeff@google.com, sanjay@google.com

Google, Inc.

Abstract

MapReduce is a programming model and an associated implementation for processing and generating large data sets. Users specify a *map* function that processes a key/value pair to generate a set of intermediate key/value pairs, and a *reduce* function that merges all intermediate values associated with the same intermediate key. Many real world tasks are expressible in this model, as shown in the paper.

given day, etc. Most such computations are conceptually straightforward. However, the input data is usually large and the computations have to be distributed across hundreds or thousands of machines in order to finish in a reasonable amount of time. The issues of how to parallelize the computation, distribute the data, and handle failures conspire to obscure the original simple computation with large amounts of complex code to deal with these issues.

As a reaction to this complexity, we designed a new

그림 4 분산 파일 시스템에 기반을 둔 구글 엔지니어 발표 논문

이 논문은 HADOOP^{High Availability Distributed Object Oriented Platform}이라는 개념을 담고 있으며, 빅데이터의 시작이 된 개념으로 클라우드에 기반을 둔 분산 파일 시스템^{GFS, Google File System}과 맵리듀스^{MapReduce}로 이뤄져 있다 (An open-source software framework written in Java for distributed storage and distributed processing of very large data sets on computer clusters).

[그림 5]는 맵리듀스 기술의 원리를 소개하고 있다. 대량으로 반복되는 단순 인터넷 검색어나 문서를 저장하고 관리하는 최적의 방식이다. 다양한 문서 내 단어들을 분할하여 중복을 제거하고 특정 단어와 반복 횟수를 추출해 저장하는 방식이다. 대용량 문서가 추출한 키^{Key}와 값^{Value}만으로 저장된다.

최초 구글이 다룬 빅데이터는 이렇게 대량으로 입력되는 단순 검색어들과 문서들로, 모두 비정형 데이터들이었다.

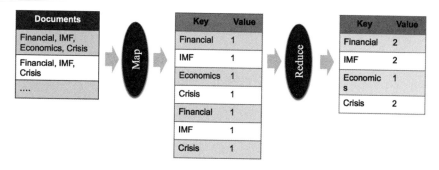

그림 5 맵리듀스의 기본 개념

빅데이터라는 기술의 기반이 된 구글의 논문이 2004년 12월 발표된 이후, 그 동안 SF 영화로만 다뤄졌던 내용들이 현실에 더 가까워지게 됐다. 비정형 데이터를 실시간으로 처리할 수 있게 되면서, 사람과 같은 수준으로 상대의 대화나 영상/이미지를 분석하고 학습해 이를 토대로 다음 할 일을 판단하게 하는 기능의 개발이 가능해졌다. 2011년 2월 IBM이 개발한 왓슨Watson이 나타나 퀴즈 쇼에서 인간 대표를 이긴 이래, 5년만에 구글에서 인수한 딥마인드의 알파고가 등장해 바둑에서 인간 대표를 이기는 이벤트를 연출하게 된다.

구글이 딥마인드를 인수해서 수십 조원의 수익을 얻었듯이, 투자자도 기술의 흐름을 이해하는 혜안을 가질 필요가 있으며, 성공적인 투자를 통해 스스로도 만족하고 사회에도 기여할 수 있는 기회를 만나게 될 것이다. 이제는 투자자뿐만 아니라 많은 회사의 CEO들도 대중적인 빅데이터 기술을 알아보고 블루오션을 개척하기 위해 전문가들을 초빙하는 경쟁을 벌이고 있다. 마찬가지로 기술을 읽는 혜안이 있어야 제대로 된 인재를 초빙하고, 그 인재에 맞는 역할과 처우로 상호 만족할 수 있는 비즈니스를 펼칠 수 있다.

다음 [그림 6]은 2008년 미국 뉴욕 타임즈에서 130년어치(1,100만 페이지)의 신문을 디지털화(PDF로 이미지 전환)하면서 겪었던 사례다. 당시 일반 서버 컴퓨터로는 14년간 처리해야 할 양으로 산정됐다. 서버 자원을 계속 동작시켜야 한다면, 투입 시간과 부대 시설 등의 비용이 어마어마할 터였다. 하지만 클라우드와 빅데이터 기술을 사용했더니, 단 하루만에 약 200만 원 정도의 비용으로 전환할 수 있었다. 이처럼 클라우드와 빅데이터의 등장만으로도 기존에 하지 못하던 일들을 해낼 수 있다는 것을 입증하고 있는 셈이다.

앞서 언급했듯이 기술에 대한 혜안이 있다면, 이 사실만으로도 이미 새로운 비즈니스 컴포넌트를 찾아 빨리 새로운 분야의 선두에 서야겠다고 생각할 수 있을 것이다.

빅데이터의 특성상 먼저 시작하는 곳에서 후발 주자들보다 적합도가 높은 모델을 갖게 되며, 고객들이 투자하거나 구매해야 한다면, 1위 주자를 대표로 선택하기 마련이기 때문이다.

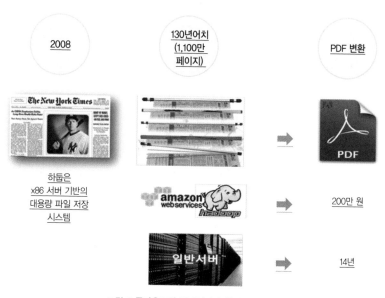

그림 6 클라우드와 빅데이터가 할 수 있는 일

1.1.3 생산성이 높으면 성공할까?

전통적으로 공기업이든, 사기업이든 제품이나 서비스를 만드는 조직은 생산성을 높이기 위해 많은 노력을 해왔다. 이러한 요구사항을 뒷받침하듯 많은 학술 이론들도 다양하게 존재한다. 여기서 생산성이란, 제한된 자원을 최대한 활용해 높은 성과를 만들어 내는 것을 말한다. 투입하는 자원 대비 결과물을 최대한 이끌어 내는 것이다. 어쩌면 당연한 이치다. 하지만 이렇게 생산성이 높은 조직은 정말 성공할까?

아무리 생산성을 높여 효과적으로 제품과 서비스를 만들어 낸다고 하더라도, 이 제품과 서비스가 시장에서 잘 팔리지 않거나 사회에 별 가치를 주지 못한다면 그 제품과 서비스를 만든 조직은 투자 비용을 회수하거나 이익을 남길 기회조차 가질 수 없게 된다.

즉, 조직의 생사는 생산성이 아니라 시장과 사회에 가치를 줄 수 있는 제품과 서비스의 발굴에 달려 있다. 사실 이를 위해 IT 측면에서는 많은 노력을 해왔다. 여러 사람들이 동시에 데이터를 작업할 수 있도록 표 Table 형태와 같은 관계 Relation 구조에 데이터를 담도록 하는 데이터베이스를 만들었다. 운영 중인 데이터베이스로부터 발생한 이벤트(예를 들어, 판매 또는 서비스 제공 등의 행위)에 따라 데이터를 누적해보기도 했는데, 이를 데이터 웨어하우스 Data Warehouse 라고 불렀다. 적어도 어떤 이벤트별로 제품과 서비스가 영향을 미치는지 알아볼 수 있는 기회를 제공할 수 있었지만, 운영 중인 데이터베이스로부터 추출해 누적한 후 계산하는 과정에서 시간이 많이 소요되는 어려움이 있었다.

하지만 적어도 이렇게 이벤트별로 누적된 데이터들을 통해 예측이 가능한 수준으로 추가적인 개선 또는 발굴의 기회를 제공해줄 수 있었는데, 이를 데이터 마이닝 Data Mining 이라고 했다.

결국 제품이나 서비스를 생산하는 조직의 입장에서는 시장 및 사회의 반응이 중요한데, 제품 및 서비스를 기획하고 시장에 내놓고 난 후에 일정 시간이 지나 운영 데이터가 쌓이고 이벤트가 발행한 후에야 이러한 고급 정보들에 대한 분석을 시도해볼 수 있었던 셈이다. 다음 [그림 7]은 데이터베이스와 데이터 웨어하우스의 특징을 설명하고 있다. 여기서 관계형 DB는 데이터베이스를, 다차원 DB는 데이터 웨어하우스를 대표한다. 하지만 대용량 비정형 데이터에 대한 빠른 검색과 분석은 빅데이터의 등장으로 가능해지는 것을 알 수 있다. 기존과 같이 제품이나 서비스 개발에 대한 자체 생산성에 초점을 맞추는 인사이드-아웃 방식 대신 고객과 시장 반응이 포함된 피드백과 가치에 사전 비즈니스 역량을 집중할 수 있는 아웃사이드-인 방식이 가능하게 됐다.

이렇듯 빅데이터 기술이 등장하면서, 굳이 데이터 마이닝까지 자원을 투자하지 않더라도 내·외부의 패턴Pattern이나 규칙Rule을 찾을 수 있는 방법이 등장하면서 데이터 영역에 변화가 생겼다. 기존 비즈니스를 영위하고 분석하는 정형 데이터 영역과 기존 비즈니스 외부 영역에서 시작해 내부의 가치를 발견하는 비정형 데이터 영역으로 양분됐다. 이 과정에서 기존의 데이터 마이닝은 정형·비정형 데이터를 아우르는 형태로 진화했는데, 이를 빅데이터 마이닝Big Data Mining이라고 한다.

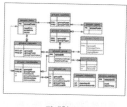
관계형 DB

- 금융 거래 기록, 제조, 물류 정보, 개인 정보 등
- 정형화된 구조
- 유연하지 못한 스키마
- 오랜 구축 기간

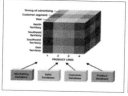
다차원 DB

- 사업/통계 관리를 위한 다차원 DB, 수학, 고밀도 데이터
- 유연한 금융 분석을 위한 피벗 데이터
- 월간 리포트, 실시간성 미지원

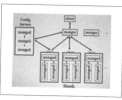
빅데이터 DB

- 스키마에 구애 받지 않는 시계열 기반 비정형 데이터
- 모든 IT 시스템의 비표준/비정형 포맷 데이터
- 대용량, 빠른 검색 및 분석 함수
- 실시간성 지원

그림 7 데이터베이스, 데이터 웨어하우스 그리고 빅데이터 비교

앞서 정형 데이터와 비정형 데이터 구분 과정에서 이미 언급했듯이 전통적으로 컴퓨터가 이해할 수 있도록 실세상의 데이터를 구조화하는 과정을 정형 데이터 모델링(또는 Relational Data Modeling)이라고 하는데, 2015년 IBM이 미국 백악관에 제출한 보고서에 따르면, 이 세상의 정형 데이터는 약 20%에 지나지 않는다고 했다. 나머지 80%는 비정형 데이터라는 뜻이고, 아직까지는 미지의 세계로 남아 있다.

최근 비정형 데이터(=바둑판 영상 정보 인식)에 대한 실시간 처리로 알파고가 출현했고, 또 다른 비정형 데이터(=도로 영상 인식)에 대한 실시간 처리는 자율주행 자동차의 등장으로 이어지고 있다. 하지만 아직도 이 80%에 대한 미지의 세상은 밝혀지지 않은 채로 남아 있다.

이 시점에서 알 수 있는 것은 적어도 우리 인류의 손에 미지 세계를 탐험할 수 있는 기반 기술이 주어졌다는 것이고, 그 새로운 발견 또는 발굴의 방향은 데이터를 통한 분석과 연구에서 시작할 것이라는 점이다.

실제로 이러한 사실이 속속 입증되고 있다. 아래 미국의 사례와 같이 영화 속 이야기들이 이제는 실제가 되고 있는 것이다. 다음 [그림 8]에서는 다양한 데이터 원천으로부터 범죄 발생 여부를 예측하는 모형을 솔루션화해 범죄를 사전 예측해 대응함으로써 범죄율이 낮아지고 있다는 사실을 알 수 있다. 실제로 미국에서는 범죄 발생 시간, 장소 등을 추정할 수 있는 데이터를 상세히 공개하고 있다. 대표적인 예로는 워싱턴, 시카고, 로스앤젤레스 등을 들 수 있다. 빅데이터는 데이터를 소유한 곳에서만 가능한 분석인데, 굳이 데이터를 소유하는 비즈니스의 소유자가 아니라고 하더라도 사물 인터넷 구성과 배치로부터 생산되는 데이터를 사용할 수도 있고, 사례와 같이 공개된 기반 시설 또는 공공정보 등을 토대로 적용해볼 수 있다. 즉, 누구나 사용하고 활용할 수 있는 생활 기술이라는 점을 시사한다.

그림 8 '빅데이터의 등장으로, 영화 속 이야기가 현실로'(연합뉴스(2015) 발췌)

1.2 가치 있는 기술의 의미

1.2.1 자율주행 자동차를 만든 회사는 자동차회사가 아니다

기계가 대체할 수 없는, 인간만이 가능한 전통적인 영역에서도 사람들을 놀라게 만드는 사건들이 속속 터지고 있다. 알다시피 알파고, 자율주행 자동차의 등장과 같은 이벤트들이다. 흥미로운 사실은, 알파고는 프로 바둑 기사들이 만든 것이 아니고, 자율주행 자동차 또한 자동차회사에서 만든 것이 아니라는 점이다.

전기나 수도와 같은 시설을 '기반 시설'이라고 한다. 이제는 IT도 기반 시설로 여겨지고 있다. 즉, IT 자체만으로는 더 이상 새로울 것이 없다는 것이다. 우리가 에너지 시설이나 급수 시설이 없으면 삶을 영위하기 어렵지만, 새삼 감사하게 생각하지는 않는다. 당연한 것이기 때문이다. IT 가 기존에는 요구사항에 따라 시스템을 구축하는 방식으로 오늘날의 정보 통신 사회를 이루었지만, 그 결과 사회의 기반 시설과 같은 취급을 받았다.

하지만 IT가 신기술의 영향으로 신종 사회 인프라로 등장함으로써, 전통적인 산업의 리더들을 긴장시키고 있다. 프로바둑 기사를 뛰어넘는 인공지능과 스스로 판단해 자율주행할 수 있는 자동차의 등장은 사실 산업계의 지식이 아니라 신기술에 대한 이해와 응용에서 탄생한 것이기 때문이다.

1.2.2 전자레인지 발명가는 부자가 됐을까?

이 시점에서 전통적인 제품이나 서비스에 대해 한 번 더 생각해볼 것이 있다. 아무리 신기술이 등장하고 사회를 변화시킬 잠재력을 갖고 있다고 하더라도 기존 산업 제품이나 서비스들이 투자자나 CEO들의 혜안으로 선택 받아 사람들에게 가치를 주지 못한다면 당장 시장과 사회에 영향을 미치기 어렵다는 것이다.

예를 들어, 오늘날 집집마다 전자레인지가 없는 곳은 찾기 힘들다. 그럼 이렇게 활용도가 높은 전자레인지를 발명한 사람은 부자가 됐을까? 적어도 이 발명가의 생전에는 그렇지 않았다고 알려져 있다. 전자레인지가 발명된 시대에는 이 제품을 가치 있게 활용할 방법을 알지 못했고, 이 기술을 발굴해 상업화시킨 시점에 기회와 가치가 입증돼 오늘날과 같이 생활필수품으로 자리매김하게 된 것이다.

그러나 오늘날, 사람들에게 영향을 미치는 모든 행위는 데이터를 발생시키고, 이를 사물 단위까지 식별해 분석할 수 있는 기반 기술이 제공되고 있다.

결국 대량의 데이터를 분석하면 사람들에게 가치를 줄 수 있는 행위나 공식을 발견할 수 있게 된다는 것인데, 알파고나 자율주행 자동차도 결국 각자 나름대로 이러한 행위나 공식의 발견에 해당한다. 즉, 블루오션을 찾아 대량의 실시간 데이터를 분석하고, 이를 토대로 사람들에게 가치를 주는 새로운 질서나 공식을 발견해 제품화 또는 서비스화하는 방식으로 즉시 사회에 도움을 줄 수 있다.

기존과 같이 제품을 발명하고 사용하게 만드는 것이 아니라 사물 또는 사람들이 생성하는 이벤트 데이터 속에서 패턴을 발견하고, 이러한 데이터를 통해 새로운 데이터 제품과 서비스를 만드는 방식이기 때문이다.

요컨대 전자레인지와 같은 전통적인 산업 제품의 발명가는 부자가 되기 어려웠지만, 데이터 서비스 발명가는 적어도 생전에 부자가 될 확률이 이전보다 높다.

1.2.3 매트릭스, 아이언맨, 터미네이터

SF 영화를 본 적이 있는가? 이 영화들은 대부분 흥행과 사실감을 높이기 위해 미래 사회를 정교하게 묘사하고 있다. 영화 〈터미네이터〉는 1984년에 처음 상영된 이래 여러 편의 시리즈가 계속 흥행을 거뒀다. 당시 청소년들의 가슴을 뛰게 했던 영화다. 이후 영화 〈매트릭스〉, 〈아이언맨〉 등도 연속 시리즈로 가세했다.

그림 9 인공지능이 말하길, 'I will be back'(영화 〈터미네이터〉 발췌)

영화 〈터미네이터〉는 스카이넷Skynet이라는 인공지능이 스스로 학습하고 판단하게 되면서 기계 대 인간 사이에 전쟁을 일으키고, 미래와 과거를 오가며 벌이는 스토리를 흥미진진하게 담았다.

영화 〈매트릭스〉는 기계가 스스로 학습하고 판단할 수 있게 되면서 인간과 대립하고 통제하는 가상의 세상을 구원할 영웅의 스토리를 그렸다. 영화 〈아이언맨〉에서는 주인공 토니 스타크에게 다양한 정보를 제공하는 자비스Jarvis라는 인공지능이 등장한다.

어찌됐든, 우리 사회의 미래 모습은 모두의 관심사가 아닐 수 없다. 대부분의 SF 영화에서 묘사하는 미래의 모습은 지능을 가진 기계와 관련돼 있다. 2016년 3월에 프로바둑 기사 이세돌을 이기면서 등장한 바둑 인공지능 알파고는 1984년 12월 국내에서 개봉한 영화 〈터미네이터〉 속의 줄거리를 다시 떠올리게 했다. 인공지능을 가진 스카이넷이 인간을 적으로 간주하고 긴 사투를 벌이게 되는 장면을 떠올리며 인간 대표 이세돌이 경기에서 지는 모습을 지켜보던 사람들이 우스갯소리로 미래의 일을 걱정하는 일도 있었다. 구글이 스카이넷이 될 것이라고 말이다.

누가 뭐라고 하지 않아도 시장과 사회는 가치를 높이기 위한 방향으로 흘러간다. 가치를 제공하는 입장에서는 최소의 비용을 투입해 의미 있는 상품을 만들기 위해 애쓰고, 이를 사용하는 입장에서는 그에 상응하는 가치를 선택하고 사용 여부를 결정하게 된다.

그 과정에서 소위 '신기술'이라는 것이 발견되기도 한다. 오늘날 알파고를 있게 한 배경에는 제한된 컴퓨터의 성능을 높이려는 시도인 클라우드라는 기술과 대량으로 쏟아지는 인터넷 검색에 효과적으로 대응하고자 하는 구글과 같은 포털Portal (인터넷 검색 회사) 회사의 노력이 깃들어 있다. 이렇게 발견된 '빅데이터'라는 '신기술'이 기반이 돼 범위가 정해지지 않은 데이터를 실시간으로 처리할 수 있게 했고, 인공지능이 탄생한 1950년대 이후, 한계로만 여겨졌던 무한대의 실시간 데이터 영역에 대한 머신 러닝 및 대응을 가능케 했다.

2

IT 기술의 위치와 방향

2.1 IT와 사회 파급 효과

2.1.1 시장이 원하는 기술과 엔지니어가 원하는 기술

한국에서 정보 기술Information Technology은 소위 프로그래머나 소프트웨어
등을 개발하는 산업을 중심으로 확산돼왔다. 이러한 한국의 개발자들의
땀과 노력은 대한민국을 정보 기술 강국의 반열에 올려놓았다. 그러나
사용자나 비즈니스 주체의 요구사항대로 기능을 소프트웨어로 만들어
주는 산업에서 중요한 것은 '비용'이다. 이 때문인지 안타깝게도 시장에
서 소프트웨어 개발을 바라보는 시각은 창조적 결과물이 아닌 요구한 기
능에 대한 벽돌 찍기와 같은 생산이었다. 결국 중요한 것은 '생산성'이고,

소프트웨어 개발에 대한 시각은 어떻게 하면 저렴하게 고급 소프트웨어 개발자들을 많이 가동할 것인지로 흘러가게 됐다.

이러한 시장의 요구에 부응해 어느 정도 요구사항을 설계하면, 기본 프로그램을 생성하는 도구들도 제법 많이 나타났고, 노동부의 무료 프로그래밍 교육은 (의도하지는 않았겠지만) 결국 프로그램 언어를 익혀 벽돌을 대량으로 찍어내는 수요에 맞춰졌다.

소프트웨어를 창의적으로 만들어 세상에 빛과 소금이 되려는 소프트웨어 엔지니어의 신념은 약해져 갔고, 단순히 개발자라는 이름으로 생산성이라는 명분에 노출돼 지쳐갈 즈음에 주변을 돌아보면 어느덧 스스로 무료 프로그래밍 교육을 받고 벽돌 찍기에 동참하고 있는 이미 흔한 개발자들 중 하나라는 것을 알게 된다.

<u>고객</u>	IT 서비스 제공자
잘하고 있나?	잘하고 있지!
아니야! 지난번에도 서버 죽고.. 서비스 품질이 안 좋은 것 같아!	무슨 소리야? 이 정도면 잘하고 있는 거야!!
못 믿겠어!! 좀 제대로 해봐!! 사람들도 매일 노는 것 같고…	뭘 얼마나 더 하란 소리야? 맨날 밤새가면서 열심히 하고 있는데… 장비가 열악해서 그래~~
아무튼 불만이야!! 대책을 세우도록	전부 9시 전에 퇴근할 생각하지 말고 업무 시간에도 딴짓하다 걸리기만 해~~

S/W 아키텍처 적용 이후

평일 08:00~20:00에 가용성 95%

합의된 서비스 목표 수준이 97%임
2% 미달이 발생하고 있음

17:00~20:00 접속자 과다로 CPU
사용율이 99%임. 장비 증설 요망

그림 10 지표 설계에 대해 이해하기

하지만 미국 실리콘밸리의 경우, 정보 기술은 투자 및 기회의 대상으로 다뤄지고 있다. 소프트웨어를 만드는 전문가의 아이디어가 중요하고 이를 실천하기 위해 밤잠을 설치며 연구하던 것들이 소위 '신기술'이라는 이름으로 세상을 놀라게 하는 경우도 종종 나타난다. 사용자의 요구사항에 맞게 소프트웨어를 만들어주는 것은 전문적인 지식과 아이디어의 결과물로 여겨지고 있어 어느 누구도 한국에서와 같이 벽돌 찍기로 다루지는 않는다. 소프트웨어를 만드는 사람의 아이디어가 중요하고, 프로그래머로서 존중 받는 문화가 형성돼 있다. 사실 한국의 엔지니어들이 원하던 세상도 바로 이와 같은 것이었다. 엔지니어가 발견하고 만들어 나가는 기술이 사회에 가치를 더하기를 바라는 것이다. [그림 10]은 지표 Metrics 설계 과정을 설명한다. 엔지니어들의 노력과 헌신을 지표 설계를 통해 정확히 표현하고 있다. 여기서 지표란, 자동차의 대시보드Dashboard 정보와 같은 것이다. 자동차는 2만 7,000여 개의 부품들로 이뤄져 있지만, 우리가 이 모든 부품들을 알아야 차량을 구매하고 운행할 수 있는 것은 아니다. 우리는 자동차 대시보드의 정보를 통해 차량을 평가할 수 있다. 2만 7,000여 개의 부품이 연계하여 제공하는 연료량, 속도, 거리 등이 운행에 중요한 지표고, 이들 간의 관계로 발견할 수 있는 '연비'라는 지표는 차량을 구매하는 중요한 기준이 된다.

과정이야 어찌됐든, 이제는 정보 기술도 전기나 수도처럼 사회에서 반드시 필요한 기반 시설로 여겨지고 있다. 업무의 시작이 컴퓨터를 켜는 데서 시작하고 각자의 핸드폰은 스마트폰이라는 이름으로 고성능 컴퓨터 역할을 대신하고 있다.

개발자들이 쌓아올린 소프트웨어 결과물들은 이미 우리 사회의 곳곳에서 많은 기여를 하고 있지만, 기존과 같이 개발하는 방식으로는 소프트웨어 산업의 성장이 정체기를 맞고 있다.

이미 우리는 IT가 기반 인프라인 사회에 살고 있고, 이제 미래는 사회에서 생성되는 데이터를 이용해 비즈니스와 사회에 대한 가치를 만들 수 있는 모습으로 다가오고 있다. 이러한 시기에는 기존과 같은 생산성과 비용의 규칙이 통하지 않는다. 오히려 인문학적인 지혜를 가진 사회 구성원들과 기술을 가진 엔지니어들이 힘을 합쳐 기술과 데이터를 융합해 새로운 가치를 발견해낼 수 있는 토양을 양성하는 것이 경쟁력을 높이는 방법이다.

2.1.2 IT란 무엇인가?

정보 기술이 무엇인지 말하기 전에 IT를 바라보는 시각에 대해 먼저 정리하는 것이 좋겠다. 대표적으로 전 세계 IT의 중심을 차지하고 있는 미국과 한국을 비교해보면 명확하다.

미국은 50개의 주로 이뤄져 있으며, 특히 미국 서부 캘리포니아 주는 미국 전체의 GDP를 웃돈다고 한다. 그 중심부에 위치한 실리콘밸리는 전 세계 IT를 대표하는 곳으로 자본과 사람(기술자), 기회가 넘쳐 나는 곳이다. 그 중심에는 엔지니어를 존중하는 문화가 존재한다.

한국은 전통적으로 IT 강국으로 알려져 있다. 그 속에서 엔지니어는 개발자로서 생산성을 높이기 위한 자원 중 하나로, 산업의 바탕이 됐다.

그렇다면 IT란 무엇일까? IT는 비즈니스의 결산과 관리를 지원하는 전산(의사 결정 지원 시스템, Decision Support System)으로 시작해 이제는 사회 기반 인프라로 자리 잡았다. 영어와 같은 어학 자체가 공부의 목적이 아니듯, IT 자체도 기술의 목적이 아니라 도구로 자리 잡은 것이다.

IT 자체가 이뤄야 할 목표가 됐던 시기에는 한국식 접근이 좀 더 생산성이 높을 수 있었다. 그러나 이제는 IT가 전기나 수도처럼 기반 시설로 여겨지고 있고, 클라우드와 빅데이터 기술에 힘입어 인공지능이 다시 부각되고 있다. 이러한 시기에는 정의된 요구사항을 구현하기 위한 생산성의 가치보다 신기술을 통해 인간에게 가치를 줄 수 있는 서비스의 발견이 더 중요한 역량이 될 것이다. 과연 한국은 현재의 산업 구조와 기술 문화로 다가오는 산업혁명 속에서 경쟁할 수 있을까? 앞으로 데이터와 창의력에 의존하게 될 인공지능 서비스 발견의 시대가 도래하면, 먼저 시작해 서비스를 가져가는 사람이 모두 얻게 되는 게임이 시작될 것이다.

2.1.3 데이터와 데이터베이스 그리고 데이터레이크

전통적으로 전산학은 의사 결정 지원 시스템으로 시작했다. 초기에는 주로 비즈니스의 결과를 정산하는 용도로 활용됐다. 매월 업무 정산을 하고, 경영자 또는 투자자 다음으로 의사 결정을 지원하는 전자계산기 용도 그 자체로서의 역할이었다. 이후 점점 비즈니스를 자동화하는 시스템을 구축하는 방향으로 흘러가는데, 이렇게 시스템 통합System Integration 사업이 주류를 이루었던 시절이 있었다. 비즈니스의 요구를 명확히 이해하고 시스템으로 구축해내는 것이다.

데이터 측면에서도 현실세계의 업무를 컴퓨터에게 시키기 위해서는 컴퓨터가 이해할 수 있는 구조로 만들어줘야 하는 데, 이를 데이터 모델링이라고 한다. 많은 과학자들이 연구한 결과, 관계(Relation, 표) 형태로 처리하는 것이 가장 적합한 것이었다. 즉, 현실세계의 데이터를 처리할 수 있는 구조(예를 들어, 엑셀과 같은 표)를 만들고, 이곳에 넣어서 관리할 수 있도록 변환해주면 컴퓨터에게 일을 시킬 수 있는 최적의 상태가 되는 것이다. 이렇게 컴퓨터가 바로 이해할 수 있는 데이터를 '정형 데이터'라고 하고, 그렇지 않는 데이터를 '비정형 데이터'라고 한다.

이렇게 현실세계의 데이터를 최대한 컴퓨터가 이해할 수 있도록 정형화하는 과정을 데이터 모델링이라고 할 수 있다.

하지만 이렇게 정형화한 데이터는 현재 업무의 결과를 담는 것이었기에 과거의 업무나 이력을 보관하고 처리할 용도가 필요하게 됐는데, 이러한 목적을 달성하기 위해 나타난 것이 데이터 웨어하우스다. 즉, 사건이 발생한 것Fact별로 필요한 요소 및 차원Dimension을 연결해 그 이력을 누적해서 분석하는 것이다. 이러한 처리는 당장의 업무만을 지원하던 데이터베이스보다 외부세계의 반응을 반영해 좀 더 입체적인 의사 결정 지원 정보를 제공할 수 있었지만, 데이터를 누적해 대량의 데이터를 실시간으로 분석하는 수고가 필히 동반되기에 엔지니어들이 좋아하는 부류의 일은 아니었음이 확실하다.

여기서 더 나아가, 머신 러닝을 도구로 사용해 업무의 결과와 시장의 반응을 변수화Variable하고, 이를 토대로 예측할 수 있는 공식을 찾아 경영진 및 투자자에게 제시하고자 했던 과정을 '데이터 마이닝'이라고 했다. 하지만 기존의 컴퓨터 구조(Von Neumann, Computer Architecture)로서는 자원 소모가 심할 수밖에 없는 상태였다. 기존 컴퓨터 구조와 한계에 대한 설명은 실무편에서 다룬다. 여하튼 기존 데이터베이스로부터 데이터 웨어하우스 성격으로 이력 정보를 정련하고, 머신 러닝을 통해 변수를 할당해 공식을 찾아내는 것은 쉬운 일이 아니었고, 경영진이나 투자자가 원하는 생산성을 충족시키기에는 효율성 측면의 문제가 많았기에 일부 필요한 곳에서만 제한적으로 사용됐다. 특히, 머신 러닝에서는 통계학이 많이 활용됐는데, 전체 데이터를 모두 처리하고 다룰 수는 없기에 데이터를 샘플링하거나 분포를 예측해 전체 데이터의 모습을 판단하려는 시도였다.

그러나 최근의 클라우드 기술 발견으로 기존의 컴퓨터 구조에 변화가 생기고, 이를 기반으로 빅데이터 기술이 등장해 현실세계의 데이터도 컴퓨터가 바로 이해하고 처리할 수 있는 기술의 시대가 도래했다. 사람이 외부세계를 보며 실시간으로 학습하듯, 컴퓨터도 굳이 샘플링이라는 과정과 데이터의 분포를 제약하지 않아도 전체 데이터의 모습을 실시간으로 학습하고 판단할 수 있는 시대가 도래한 것이다.

이제 빅데이터의 등장으로 비정형 데이터에 대한 처리가 가능해지면서 기존 정형 데이터 및 비정형 데이터를 아울러 데이터레이크Data Lake로 정의하고, 모든 유형의 데이터를 통합, 관리하려는 시도가 있었다.

하지만 이 방식도, 필자가 표방하듯이 업무를 통해 가치 있는 공식을 정의하고 찾아가는 과정이 선행돼야 한다. 이후에 적합도가 높은 데이터 통합 저장 공간을 갖출 수 있게 되는 것이다.

요컨대, 기존의 컴퓨터 구조 및 데이터 처리의 한계로 1950년대 이후 멈춰 있었던 인공지능도 또 다시 새로운 국면을 맞았다. 2011년 IBM이 왓

슨을 퀴즈 대회에 내보내 우승을 하게 한 것에 이어, 2016년 구글이 인수한 딥마인드가 이세돌과의 대결로 세계를 떠들썩하게 했던 알파고를 탄생시킨 것이다.

2.1.4 소프트웨어와 소프트웨어 공학 그리고 아키텍처

초기 PC^{Personal Computer}가 시장에 나올 무렵, 논리적이고 창의적으로 아이디어를 발굴해 컴퓨터에게 전달하는 프로그램을 작성하는 사람을 '프로그래머'라고 부르던 시절이 있었다. 이 얼마나 멋진 일인가? 초등학교(당시 국민학교)에서도 앞다투어 영재 양성의 구호를 내세웠고, PC를 활용해 컴퓨터에게 시킬 일의 순서를 정하는 것은 정말 최첨단 두뇌에 걸맞은 일이었다. 하지만 산업화되면서 사용자의 요구사항을 최소의 자원과 비용으로 개발해내는 일이 더욱 중요해졌고, 이를 위해서는 과학자들에게 소프트웨어 공학과 같은 학문이 요구됐다. 창의적인 아이디어로 소프트웨어를 만드는 일보다 비즈니스의 요구에 맞게 요구사항을 분석, 설계해 소프트웨어를 만드는 과정을 관리하는 일이 필요하게 된 것이다.

프로그래머들은 창의적인 것을 만드는 것이 아니라 지정된 요구사항을 명확하게 이해하고 기능을 개발해내는 일이 더 중요해졌고, 이즈음 '개발자'라고 불리기 시작했다.

이조차도 부족해 시스템 개발 과정^{SDLC, System Development Life Cycle}에서 누락되기 쉬운 요구사항 중 비기능적인 것들을 품질 측면에서 분석해 기능적으로 설계할 수 있도록 가시화하는 소프트웨어 아키텍처^{Software Architecture}라는 학문이 가세했다.

그러나 이제는 클라우드라는 기술과 빅데이터의 활용으로 인공지능 서비스의 발굴이 힘을 얻게 되면서 이전 프로그래머의 창의성에 더해 데이터를 통한 가치 있는 공식의 발견이라는 임무가 부각되고 있다.

일부 투자자들은 클라우드와 빅데이터에 기반을 둔 인공지능 기술을 생산성의 척도로 삼아 사람의 일을 대체하려는 시도를 하고 있다. 그러나 진정한 인공지능의 힘은 사람의 일을 대체하는 데 있는 것이 아니라 그동안 할 수 없었던 가치 있는 일을 발굴하는 데에 있으며, 이 모든 상황과 기술을 이해하는 엔지니어가 그 중심이 되고 있다. 구글이 그렇게 생겨났고, 아마존Amazon이 그렇게 비즈니스를 집어삼키고 있는 것이다.

2.1.5 한국과 미국의 IT 엔지니어

전통적으로 한국은 IT 강국이다. 유엔 서베이UN Survey 조사 결과, 3년 연속 전자 정부 세계 1위라는 소식을 접한 것도 벌써 여러 해 됐다. 시스템을 만들고 오픈하는 일에는 생산성이 세계 최고에 가깝다. 그러나 이러한 지표는 투자자 측면의 지표일 뿐, 정작 엔지니어들이 행복한지는 미지수다. 생산성을 높이기 위해 자원 대비 많은 업무를 엔지니어들에게 맡기고, 과업을 이룰 것을 기대하는 것은 아닌가 궁금할 때가 있다.

미국에 법인을 설립하고 IT 인프라를 총괄하던 시절, 한국의 대리급 엔지니어 한 명을 데리고 가서 R&D를 위한 미국 IT 인프라를 오픈했던 적이 있다. 이후 미국 엔지니어들과 연계해 네트워크 작업을 하면서 미국 엔지니어들은 이와 비슷한 일을 한달 동안 한다는 새로운 사실을 알게됐다. 그리고 저녁 6시 이후로는 일절 일이 주어지지 않는다. 이후 노동법상 3배의 추가 비용을 지급해야 한다는 사실도 알게 됐다.

반대로 한국의 엔지니어들에게 물어본다. 한국에서 날을 새며 시스템을 오픈한 후, 어떤 보람이 있었는지 말이다. 오픈 후 행여 장애라도 발생하면 거의 1~2주 동안 죄인으로 살아야 한다. 원인과 상관없이 말이다. 더나아가 정의된 생산성을 높이기 위해 투자자가 요구하는 대로 아무 생각 없이 기계적으로 일하게 되는데, 이런 상황에서 엔지니어가 어떤 꿈을 꿀 수 있을지, 막연하지는 않았는지 말이다.

미국의 실리콘밸리에서는 새로운 기술과 투자자와 엔지니어들이 모여 꿈을 이뤄 나가는 상황을 자주 볼 수 있는데, 여간 부러운 것이 아니다. 구글, 애플, 아마존 등과 같은 세계 굴지의 회사들이 여기에 모여 만들어졌다. 필자는 이제 한국도 4차 산업혁명을 거치며 사회와 문화가 기술과 함께 성장하게 될 것이라 믿는다.

2.1.6 실행요약서의 작성

해외에서 박사 학위 3개를 취득하고, 국내 굴지의 사기업 연구소에서 일하던 수석 엔지니어가 회장님을 모시고 신기술에 대한 설명을 하고 있었다. 한 30분쯤 지났을까? 회장님이 갑자기 한 마디를 던졌다. '그래서? 얼마를 투자하면 얼마나 이득이 있나요?' 이렇게 신기술에 대한 설명회는 30분만에 결론 없이 끝났다.

무엇이 문제였을까? 사실 이 설명회에서는 기술 자체를 설명하는 것보다 이 기술이 어떤 가치를 줄 수 있고, 어떤 변화를 가져올 수 있는지를 설명하는 자리였다. 예를 들어 설명자가 박사 학위가 3개 있고, 상대방이 해당 지식이 없다는 것이 사실 관계라면 '그래서, 뭐?'라는 질문을 하게 된다. 그냥 발표자가 잘났다는 말을 하는 자리가 설명회일까?

그렇지 않다. 오히려 청취자의 입장에 맞춰 본인이 가진 지식을 재구성
Rebuilding or Reshaping 해 전달하고 투자자의 마음을 움직인다면, 사회에 가치
있는 변화를 가져올 수 있지 않았을까? 진정한 고수란 그런 것이다.

그럼 실용적인 글쓰기와 발표를 위해서는 어떤 준비가 필요할까? 한
국의 정규 학교 과정이나 학위 과정에서는 전달을 위한 실용적인 글쓰
기보다는 글의 구조를 중시하는 작품 위주의 글쓰기에 초점이 맞춰져
있다. 그러나 미국에서는 실용 글쓰기도 수업 시간에 다뤄지고 있다. 이
번에는 기술 글쓰기의 내용을 일부 소개하고자 한다(E. B. WHITE, The
Elements of Styles : Jae Choon Lim, Technical Writing).

표 1 실행요약서의 목적인 'Express'를 전달하기 위한 글

글의 종류	'Impress'를 위한 글	'Express'를 위한 글
목적	재미, 감동	효과적인 의사 전달
용도	문학적	사무적
정보 배열	기-승-전-결	결과-원인

서론과 본론을 거쳐 결론에서 반전을 꾀하는 드라마식 글쓰기, 연구 배
경과 아이디어를 제시하고, 이를 검증해 증명하는 식의 글쓰기, 비즈니
스에서 필요로 하는 글쓰기는 매우 다르다.

보통 비즈니스에서 글쓰기는 듣는 사람의 입장에서 먼저 궁금할 것이
라 예상되는 결과를 먼저 제시하고, 이에 대한 근거와 설명을 1~2페
이지 이내로 전달하는 것에 포인트를 두는데, 이를 실행요약서(1Page
Executive Summary)라고 한다. 보통 비즈니스 컨설턴트Business Consultant들
이나 실무 경영진들이 커뮤니케이션 시 즐겨 쓰는 방법이다. 학교를 마

치고 이제 사회로 복귀해 역할을 수행하려는 졸업생들은 먼저 실행요약서 작성을 연습하고 자신만의 노하우를 터득할 필요가 있다. 산업 현장에서는 문학에 대한 이해와 드라마식 감성만으로는 대응하기가 어렵기 때문이다. 필자가 약 20년간 공기업, 사기업, 교육기관에서 겪은 실무 경험에 따르면, 대부분 90% 이상의 업무 커뮤니케이션은 실행요약서에 가깝다.

표 2 실행요약서는 보고 받는 사람을 배려한 기술

실무자가 하는 보고	결재권자가 원하는 보고
• 부분에 충실	• 전체와 개략을 중시
• 시간, 장소 순으로 보고	• 핵심 내용이 먼저 출현
• 배경, 필요성, 문제점을 우선	• 결론, 해결에 관심
• 보고서는 두꺼워야 설득력 있음	• 보고서는 얇아야 경쟁력이 있음
• 자신의 노고와 보고량은 비례	• 사안의 중요성과 보고량은 비례
• 전문 용어와 약어 남용	• 알아 들을 수 있는 일반 용어 선호

그러면 사회의 첫 관문인 면접에서 발생하는 일반적인 대화가 다음과 같다면 회사 경영진에게 별다른 인상을 주지 못할 것이다.

- 질문: 입사 후 우리 회사에서 실현하고 싶은 꿈은?
- 답변: 앞으로 IT 기술이 눈부시게 발전하게 될 것이고, 귀사는 이 분야에서 세계 최고의 실력으로 성장하고 있습니다. 귀사에서 자아를 실현하고 싶습니다.
- 질문: 너무 막연하니 좀 더 구체적으로 설명해보세요.
- 답변: 열심히 노력해서 유비쿼터스 분야에서 제1의 전문가가 되고 싶습니다.

이를 실행요약서 방식으로 바꿔보면 어떨까? 아무래도 경영진에게 좀 더 깊은 인상을 줄 확률이 매우 높아질 것이다.

- 질문: 입사 후 우리 회사에서 실현하고 싶은 꿈은?
- 답변:
- (잠시 침묵, 0 : 질문자의 의도 분석, 핵심 단어 도출, 답변 순서 배열, 답변 태도 결정)
- 1(주제):: 자아 실현입니다.
- 2(방법):: 저는 바이오시계에 관심이 많습니다. 시계가 상대 혈압을 24시간 모니터링하는 것입니다. 시계 형태로 절대 혈압을 재는 것은 아직 한계가 있습니다. 측정된 혈압을 저장하고 분석하며, 이상한 징후가 있으면 이를 즉각 경고하는 것입니다.
- 3(자료):: 대학에서 '바이오시계' 동아리를 결성해 압력 민감성 재료의 탐색 활동을 했습니다. 이것이 연구 자료 사진입니다.
- 4(주제):: BT-IT를 융합하는 새로운 분야를 개척해 회사와 더불어 발전하고 싶습니다.

3

인공지능과 노벨상

3.1 인공지능과 인간지능

3.1.1 인공지능과 인간지능의 관계

왜 기계 또는 컴퓨터에게 자율 판단 및 처리하는 능력을 주는 것을 인공
지능이라고 부르는가? 개요편에서 설명하는 바와 같이 컴퓨터의 구조는
사람의 뇌가 처리하는 방식과 다른데, 굳이 사람의 뇌를 흉내 낼 필요가
있을까?

이쯤에서 우리는 인공지능의 목적을 생각해봐야 한다. 인공지능이 인간
을 대체하기 위한 것일까?

물론 당장 시장에서 경제학의 논리와 자본의 요구를 따르자면, 생산성을 높이는 목적으로 쓰이는 것이 맞다. 여러분이 투자자라면 당장 관심이 있을 법한 것은 비용의 절감이나 수익의 창출이 될 것임을 부인할 수 없을 것이다. 하지만 진정한 인공지능의 목적은 생산성이 아니다. 사람에게 가치를 부여하기 위해 그 동안 하지 못했던, 그리고 할 수 없었던 영역의 일들을 이제는 할 수 있는 시대를 열 수 있다는 것이 진정한 목적이다.

앞으로, 인공지능이 활성화돼 수많은 인류의 직업들이 대체될 것이라는 예측으로 막연히 두려워할 것이 아니라, 데이터 과학과 인공지능의 기술 원리를 제대로 이해한다면, 그 동안 하지 못했던 일, 그리고 할 수 없었던 일을 데이터 과학을 통해 인공지능 서비스로 발굴하고 훈련하는 일들을 새로운 일거리로 계발할 수 있다. 더 나아가 인공지능 서비스가 온전히 인간을 위한 서비스로 쓰이도록 하는 자율 통제 향상 방안에도 집중할 수 있을 것이다.

하지만 데이터 과학과 인공지능의 원리와 기술을 이해하지 못하고 수동적으로 대처할 경우, 영화 〈터미네이터〉나 〈매트릭스〉 같이 인간과 기계 간 전쟁을 벌이는 SF 영화 스토리가 실현되지 않으리란 보장은 없다.

다음 실무편에서는 공식을 정의하고 발견하는 데 초점을 맞출 것이다. 이 분야는 자동화할 수 있는 영역이 아니기 때문이다. 요컨대 스스로 공식을 정의하고 학습하는 인공지능 서비스는 가능할 수 있지만, 매우 위험하다. 우리 인류가 핵무기는 개발했지만, 강대국을 중심으로 끊임없이 통제하고 어린아이와 같이 무책임한 사람의 손에는 들어가지 않도록 노력하는 것과 같은 이치다.

인공지능이 사람을 위한 서비스가 아니라 스스로를 위한 서비스나 사람이 아닌 다른 목적을 위한 서비스를 자율적으로 만들어 나간다면, 영화 〈터미네이터〉나 〈매트릭스〉 같은 스토리가 펼쳐질 수 있다.

따라서 인공지능은 인간지능을 보조하거나 지원함으로써 그 동안 인류가 할 수 없었던 새로운 영역을 개척하는 데 사용하는 것이 자연스럽다. 막연히 알파고를 동경하거나 새로운 인공지능의 출현을 두려워할 것이 아니라 기술의 본질을 알고 새로운 영역을 발견하고 발전시킬 수 있는 다음 세대 전문가를 양성하는 것이 인류에게 주어진 중요한 숙제다.

3.1.2 문학과 기술, 미래 교육?

문학 작품의 목적은 극적인 감동과 재미를 전달하는 데 있지만, 기술 서적은 문제를 해결하거나 새로운 제품이나 서비스를 전달하는 데 있다. 필자가 문학 작품과 기술 서적의 차이를 언급하는 것은 국어 교육의 취지를 얘기하려는 것은 아니다. 다만, 미국에서 체험한 사례를 토대로 비교해보는 것이 의미가 있을 것 같아서다.

미국의 교과 과정에서는 문학 작품을 이해하기 위한 과목 및 에세이 Essay, 논술 외에도 실무적인 글을 작성하기 위한 과정을 추가해 운영한다. 목적이 다르기 때문이다.

하지만 한국의 교과 과정에서 '국어'라는 과목은 아직 이 둘을 구분하지는 않는다. 실무적인 글쓰기에 대한 내용은 아직 발견하지 못했다. 오히려 학원가에서는 기성 문학 작품을 통해 입시 시험을 치르기 위한 학습의 목적을 강조한다. 어떤 경우에는 기존 작가가 창작한 의도와 다르게 출제된 문제가 엉뚱한 보기를 정답으로 만들기도 한다.

필자가 미국 실리콘밸리에서 국내 대기업 출자 법인의 기술 인프라 총괄을 담당하면서 동양인 유학생과 미국 현지인을 채용해 겪은 경험을 토대로 정리해보겠다.

근무 태도 측면에서 동양인 직원들은 성실하고 예의 바르다. 출근 시간도 정확하고, 복장에도 신경을 쓴다. 함께 일하는 미국 현지인들은 근무 방식이 자유 분방하고, 출퇴근 시간도 일정치 않다.

하지만 업무 결과 측면에서 보면, 동양인 직원들에게 자율적이고 창의적인 결과물을 기대하기는 어려웠다. 일일이 지시해줘야 일을 했고, 기존 콘텐츠의 한계를 벗어나기 힘들어 했다. 그러나 미국 현지인들은 자율적으로 일하지만 창의적인 결과물을 쉽게 만들어 냈다.

창의적이냐, 아니냐가 구분 기준은 아니다. 미국에 현지에서 고용된 인력 중에 인도 출신도 있었는데, 비교적 높은 신분이라고 했다. 이 사람이 말하는 영어 'No Problem'은 인도식 영어로는 '생각해보겠다' 정도로 해석해야 했다. 말은 많이 하지만 생산적인 결과물을 만들지 못하는 경우도 있었다.

요약하면, 나라마다 문화와 양성하는 인력의 유형이 다르다. 한국의 학생들처럼 성실함이 장점인 경우, 여기에 창의력을 가미할 여유가 있다면 더 가치 있는 활동을 할 수 있다는 것이다.

문제를 풀기 위해 시작부터 결과까지 가는 경로에 대한 경우의 수는 무수히 많다. 학교 주변의 교과 과정에서는 입시 때문에 교사나 학원이 일일이 속성으로 답을 가르쳐주는 유혹에 빠지기 쉽다. 하지만 개인의 발전을 위해서는 학생이 스스로 자신에게 맞는 방식으로 해결 방법을 찾아가게 해주는 여유가 필요하다. 언론 보도를 보면, 대학을 졸업하고 청년

취업 준비생들이 갈 곳을 못 찾고 있다는 기사가 눈에 띈다. 입시 위주의 속성 교육으로 대학에 입학하고 졸업하게 한 결과가 아닐지 조심스럽다. 이런 굴레에서는 학생들이 스스로 자기만의 방식으로 원하는 주제를 찾고, 필요한 문제를 풀어볼 기회를 갖기가 쉽지 않기 때문이다. 빠른 경제 성장을 위해 학생 스스로 가치를 부여하며 찾아가도록 생각하고 준비할 기회를 박탈한 것은 아닌지 고민해볼 필요가 있다.

이제 또 다른 산업 혁명의 시대를 맞아 디지털 산업과 인공지능이 다시 부각되고 있다. 인공지능의 기술 원리는 인류가 그 동안 묶여 있던 비즈니스 생산성의 굴레에서 벗어날 수 있게 해준다. 머신 러닝을 통해 개발 가능한 전문적인 인공지능 서비스가 이를 대체할 수 있기 때문이다. 이 과정에서 인류는 그 동안 하지 못했던 일들을 되돌아볼 여유를 갖게 된다. 인류를 위한 새로운 가치를 탐색하고 발견해 나갈 수 있는 에너지를 축적하게 되는 것이다.

혹자들은 가까운 미래에 인공지능이 판사, 의사, 변호사, 세무사 등의 전문 직업을 대체해 버리면, 사람은 고유 직업을 잃게 될 것이라고 두려워한다. 하지만 이는 인공지능의 기술 원리를 잘못 이해하고 있는 것이다. 인공지능은 고가의 전문성을 대체해 생산성을 높이기 위한 용도가 주 목적이 아니라 생산성을 높임으로써 생기는 여유를 통해 그 동안 인류가 하지 못했던 가치를 찾고 발견해낼 수 있는 기회를 제공하기 위한 것이다.

이를 준비하는 것은 우리 세대 교육의 몫이다. 현재의 전문 직업들은 미래에 인공지능이 대체할 가능성이 높다. 그럼 미래에 전문 직업인이 되려는 아이들과 청년들의 꿈은 없어지는 것인가? 꼭 그렇지는 않다. 인공지능을 교육 서비스로 활용할 경우, 개인별 특성에 맞는 교육과정을 활용해 축적된 지식을 토대로 미래를 위한 성장 에너지를 최대한 모을 수 있게 된다. 이렇듯, 꿈이 좀 더 정교해지지 않을까? 그 동안 인류가 하지 못했던 새로운 가치를 공식으로 발견하고, 소유해 나가는 발명가나 설계자가 돼보면 어떨까?

미래의 교육 콘텐츠는 문학 작품의 재미와 기술 서적의 효과성을 잘 아우를 수 있게 구성할 필요가 있다. 아이가 게임에 빠져 있는 것은 게임이 재미있고, 정말 하고 싶기 때문이다. 문학 작품을 게임 수준의 콘텐츠 수준으로 재정의하고, 기술 서적을 역량 개발을 위한 도구로 업그레이드한다면, 경제 성장에 밀려 아직 발견하지 못했던 인간에 대한 가치를 더 발굴할 수 있지 않을까? 알파고가 회자되고 있지만, 기껏해야 바둑 분야일 뿐이다. 이제 스스로 물어볼 때가 됐다. 나는 이제 나만의 이야기를 품은 공식과 가치를 발견할 준비가 됐을까?

제도가 먼저 갖춰지기를 기다려서는 안 된다. 개개인이 먼저 실행해 나간다면 전체적으로도 변화가 조금씩 나타날 것이라 기대해본다. 그에 대한 보상은 실행에 따른 몸값 상승 또는 시장 선점이 될 것이다.

3.2 코딩과 노벨상

3.2.1 초등학생이 코딩을 알아야 하나?

소프트웨어에 대한 인식이 높아지면서 정책에도 반영되고 있다. 초등학교부터 소프트웨어를 의무적으로 공부하도록 하자는 것이다.

코딩Coding이라 함은, 컴퓨터가 이해할 수 있도록 사람이 의사를 전달하는 과정이다. 연산 장치(CPU), 기억 장치(Memory), 저장 장치(Disk)로 이뤄지는 컴퓨터 구조에 맞춰 사람의 의도를 재배치해주는 것이다. 이는 컴퓨터에게 일을 시키기 위한 목적을 갖고 있다.

이를 위해 학원가에서 준비 중인 과정을 살펴보면, 기존 프로그래밍 언어를 익혀 기존에 다른 학자들이 만들어 놓은 알고리즘^{Algorithm}(일의 처리 순서)을 따라 해보는 것이다.

이것도 도움이 될 수 있지만, 아이를 지치게 하는 또 다른 과정이 될 수도 있다. 사람이 컴퓨터의 사고방식에 맞게 논리 구성을 따라가는 것은 쉬운 일이 아니기 때문이다. 이는 어른조차도 버거운 작업이다. 이세돌과 알파고의 시합도 사실은 불공정 시합이다. 사람이 미리 정해진 패턴 내의 컴퓨터의 연산 속도를 따라갈 수는 없기 때문이다.

컴퓨터가 이해할 수 있도록 현실세계의 것들을 구조화할 필요가 있는데, 이를 '모델링^{Modeling}'이라고 한다. 여기서 구조화란, 정해진 규칙으로 읽고 처리할 수 있는 상태를 말한다.

예를 들어, 사람은 사진 속의 사람을 바로 찾을 수 있다. 하지만 컴퓨터는 사진 속의 사람 모양을 바로 판단할 수 없다. 사람이라고 판단할 규칙이나 패턴을 사전에 갖고 있지 않기 때문이다.

그러나 엑셀과 같은 표 형태에 수치를 입력해주면 바로 계산을 해낸다. 표 내의 셀이라는 규칙 내에 입력되는 수치를 갖고 연산을 하는 것이다. 이런 상태의 데이터를 '구조적^{Structured}' 데이터라 하고, 그렇지 않은 상태의 데이터를 '비구조적^{Unstructured}' 데이터라고 한다. 이 구분은 철저히 컴퓨터 기준이다.

하지만 이제는 클라우드, 빅데이터 기술의 발견에 힘입어 실시간으로 비정형 데이터도 처리할 수 있게 됐다. 사전에 컴퓨터에게 수백 장, 수천 장을 입력시켜 유사한 특이점(패턴)을 인식하고 있다가 새롭게 인식되는 사진 속에서 이 특이점을 갖는 경우에는 사람이라고 즉시 판단할 수 있는 것이다.

따라서 필자는 학원가에서 하듯이 프로그래밍 언어를 익혀서 남들이 미리 만들어 놓은 알고리즘을 체험해보는 것이 미래를 위한 대비라고 보지 않는다. 이미 정형화된 것들은 자동화가 가능하며, 컴퓨터를 따라갈 수 없다.

차라리 컴퓨터가 이해할 수 있도록 공식을 만들고, 이를 컴퓨터에게 학습시켜주고 통제해주는 역할을 해보도록 하는 것이 인류의 미래에 대비해 아이들에게 필요한 기술이다.

공식은 변수들로 구성되는데, 이에는 독립변수와 종속변수가 있다. 말은 어려워 보이지만 별 내용이 아니다. 독립변수는 종속변수에 영향을 미치는 것을 말하고, 종속변수는 독립변수가 영향을 미치는 대상과 그 결과를 말한다.

'구름이 끼고 새가 낮게 나는 것을 보니 비가 오겠군."이라고 생각했다면, 이미 공식을 만든 것이다. 여기서 독립변수는 '구름이 끼다($X1$)'와 '새가 낮게 날다($X2$)'이고, 종속변수는 '비가 오겠군(Y)'이다. 즉, $Y=X1+X2$와 같은 공식이 나온다. 여기서 두 독립변수 간($X1$, $X2$)의 관계에 따라 '+'가 될 수도 있고, 또 다른 연산자가 등장할 수도 있다. 예제와 같이 평범한 순서대로 처리할 경우, 통상 '+" 연산자를 넣었다고 가정해보자.

실제로 공기 중의 수증기가 모이면 구름이 생성되고, 또 기압이 낮아지면 날벌레들이 낮게 움직인다. 새들이 이들을 먹으려고 낮게 나는 현상이 발생하는 것이다. 이 두 가지 현상의 발견으로부터 비가 올 것이라는 것을 예측해내는 훌륭한 공식이다.

특정 현상을 대표하는 단위 이름을 '변수'라고 정하고, 나중에 이곳에 관련된 데이터들만 분류해 담을 수 있도록 준비한다. 이후 머신 러닝을 통해 이 공식의 인과관계를 증명해내는 과정을 거치는 것이다.

이러한 공식들이 수십 개, 수만 개 모이면, 더 정교한 날씨 예측 모형이 될 수도 있다. 날씨를 예측하는 것은 사람들에게 가치를 주는 공식이다.

하지만 기계가 스스로 공식을 만들어 내면, 인류에게는 재앙이 될 수도 있다. 영화 〈터미네이터〉 속의 스카이넷이 사람을 적으로 규정하고 말살하는 스토리가 발생할 수도 있지 않겠는가? 즉, 공식을 만들어 내는 것은 인류에게 주어진 고유한 발견과 탐험의 영역이다.

사람에게 가치를 주는 공식을 발견해내고, 이를 인공지능에 탑재해 통제하는 두 가지 역할이 미래의 우리 아이들에게 필요한 도구가 될 것이다. 초등학생이 코딩을 당장 알 필요는 없지만, 주변에 대한 관찰로부터 공식을 어떻게 만들어 내는지, 데이터를 통해 어떻게 증명할 수 있는지를 체험하는 것은 필요할 것이라 생각해본다.

실제 알파고도 바둑을 이기기 위해 둬야 할 다음 수를 공식으로 연결한 것일 뿐이다. 바둑판의 이미지를 조각 내 변수로 매칭하고, 이기기 위해 필요한 바둑판 이미지 패턴을 수백 개의 공식으로 동작시켜 실시간으로 예측해내는 것이다.

구글은 이런 단순한 바둑 공식을 만들었던 영국 시골의 조그만 스타트업 자회사인 딥 마인드를 인수해 알파고와 이세돌의 대국을 통해 인공지능의 달라진 모습을 전 세계에 알렸다. 미래를 보는 눈이 있었기 때문이다. 하지만 정말 필요한 속내는 다른 데 있었다. 바로 투자를 이끌어 내는 것이었다. 알파고 이후 이미 구글의 주식 가치는 수십 조원의 투자 차익을 거두고 있다. 인공지능이 유망하다고는 하지만, 아직 걸음마 단계이고, 발견해야 할 공식은 무궁무진하다. 당장 수익을 창출할 수도 있겠지만, 그 시점은 아직 예측할 수 없다. 그래서 연구를 계속할 수 있는 동력과 에너지가 필요한데, 이것이 비용이고, 투자다. 이미 이 측면에서 구글은 이미 성공적인 실적을 거둔 것이다.

이제 구글이 이를 에너지로 삼아 새로운 공식을 발견해낸다면, 사람들은 또 수십 조원의 돈을 들여 이들의 제품과 서비스를 구매할 것이다.

3.2.2 입시와 취업과의 관계

한국의 입시 시장은 수조 원대를 이루고 있는 것으로 추정된다. 아직 밝혀지지 않은 블랙마켓Black Market(암시장)은 계산할 수도 없다. 학원에서 입시 시험 문제를 가르치는 강사가 한 달에 수천만 원을 벌어들일 수 있는 시장이다.

아쉽게도 이러한 활동이 우리 사회나 경제에 도움이 되는 제품이나 서비스를 생산해내는 것은 아니다. 그냥 입시 시험을 잘 치를 수 있도록 도와주는 모델이다. 실제 입시 시험의 관문이 되는 수능 시험에서는 국, 영, 수 중심의 비중이 높으며, 과목 중심으로 철저히 변별력을 가질 수 있도록 문제를 출제한다. 영어 시험은 미국이나 영국의 명문대 학생들도 틀

리는 문제가 출제되지만, 학원 교육을 체험한 한국 학생들은 능숙하게 풀어낸다. 문제를 잘 푸는 훈련과 연습의 결과다.

이렇게 입시를 마치고 진학한 대학을 무난히 졸업하더라도 정작 학생들은 대부분 본인이 무엇을 잘할 수 있는지, 어떤 적성이 있는지 잘 알지 못한다. 입시 시험 위주로 공부했고, 대학은 인류의 다음 세대를 유지하기 위한 학문 연구를 목적으로 할 뿐, 직업 교육을 하는 곳은 아니기 때문이다. 이 상태로 사회로 나와 직업을 구한다면, 대부분 성공하기 어렵다.

따라서 입시 시험과 병행해 본인이 잘할 수 있는 것에 대한 적성 개발도 중요하다. 대학의 서열을 정하고 무조건 상위권 대학을 찾을 것이 아니라 학생의 적성에 맞는 곳을 찾을 수 있도록 도움을 주는 정도면 족하다.

학생들이 본인의 포트폴리오를 만들어 보고, 이에 맞는 직업을 찾아갈 수 있도록 하는 과목을 정규 교육과정으로 반영해야 한다. 예를 들어, 본인이 공식을 정의하고 이를 증명해서 인공지능 서비스로 만들어 냈다면, 훌륭한 본인만의 포트폴리오가 된다. 취업 시, 이와 맞는 곳에 이 실적을 결과물로 제출한다면 매우 성공적일 것이다.

앞서 언급했듯이, 입시 시장 규모뿐만 아니라 취업 시장 규모도 이에 못지 않다. 취업 준비생들도 있지만, 사기업에 다니면서 공무원이 되길 원하는 예비 고객도 많다.

직업을 갖고 있는 사람이 일단 정년까지 근무할 수 있으면 좋은 것일까? 100세 시대에 60세 정년이 만족스러운 것일까?

결론부터 말하면, 정년을 넘어 일을 계속 할 수 있고, 본인이 하는 일이 사회에 가치를 줄 수 있는 일이라면 좋을 것이다. 인생의 주인공은 바로 자기 자신이다. 하기 싫은 과목을 억지로 앉아 들을 필요가 없고, 그렇게 보낸 시간이 인생에 도움이 되지도 않는다.

게임에 빠져 있는 아이들이 많다. 재미있기 때문이다. 게임에 빠진다는 것은 생산적인 활동은 아니지만, 재미와 휴식을 준다.

오히려 본인이 빠져들 수 있는 DNA를 찾아 발전시켜주는 것이 중요하다. 게임 이상으로 빠져들 것이다. 공식을 찾는 것이 중요하다고 했는데, 아이들에게 숨어 있는 DNA를 발견해서 발전시켜준다면 본능적으로 빠져드는 재미와 헌신으로 수많은 공식과 AI 서비스가 발굴되지 않겠는가?

3.2.3 노벨상은 어떻게 수상하는가?

공식의 발견이 쉬운 일은 아니다. 역사를 돌이켜 보면, 저명한 과학자들이 많은 공식을 발견하고 일생에 걸쳐 이를 증명해왔다. 특히 이공계는 외워야 할 공식이 그렇게 많다. 이 공식을 사용하기만 하면 될 뿐, 학자가 될 것이 아니라면 굳이 이를 모두 증명해볼 필요는 없다.

이렇게 발견하는 공식이 인류와 사회에 도움을 주는 것으로 밝혀진다면, 노벨상 수상과 같은 영예를 차지하기도 한다.

과거에는 공식을 발견하고 증명하기 위해서는 데이터의 수집과 처리, 최적화 등에 오랜 시간이 필요했다. 이조차도 우연히 발견되거나 증명돼 인류사에 큰 도움을 주는 경우였다. 수많은 인류의 목숨을 살린 항생제

인 페니실린의 발견도 이와 비슷했다.

1928년 세균학자 플레밍은 런던의 한 병원에서 상처를 감염시키는 포도
상구균이라는 세균을 배양하고 있었다. 플레밍이 휴가를 떠나면서 포도
상구균 배양 접시를 배양기에 넣지 않고 실험대 위에 그대로 두고 갔는
데, 그 덕분에 푸른곰팡이가 배양균을 오염시키게 됐다. 수많은 종류의
곰팡이 가운데 하필 푸른곰팡이가 날아온 것은 엄청난 행운이라고 한다.
푸른곰팡이에서 나오는 어떤 물질이 포도상구균을 없애버린다는 것을
발견한 플레밍은 그 물질에 '페니실린'이라는 이름을 붙였다. 플레밍은
이 공로로 1945년 노벨상을 받았다.

클라우드라는 새로운 IT 아키텍처와 빅데이터에 기반한 분석 기술은 인공지능을 새로운 궤도에 올려놓았다. 이어 투자자들은 제일 먼저 기존 비즈니스에 대한 생산성을 높이기 위한 용도로 인공지능을 활용하기 시작했다. 의사를 대체하는 암 진단 시스템이 등장했고, 법률가를 대체하는 법률 자문 시스템, 회계사를 대체하는 회계 자문 시스템이 속속 등장하고 있다. 일반 경영진들도 인간 전문가를 대체해 생산성을 높일 목적으로 인공지능 서비스를 검토하기 시작했다. 그러면 우리 인간들은 이제 무엇을 하면 되는가? 기존 전문가들은 퇴직해서 편안한 노후를 즐길 수 있을까?

이런 식의 접근은 인공지능의 가치를 제대로 이해하기 못하기 때문에 과도적으로 발생하는 현상이다.

인공지능 서비스는 인간을 대체하기 위한 기술이 아니라 인간이 그 동안 하지 못했던 새로운 공식과 가치를 발견해내기 위한 도구다. 이러한 특성이 인공지능 성공을 위한 전제 조건이자 핵심 가치다. 공식을 제안하고, 이 공식의 적합도를 높여 나가는 것이 소위 인공지능에서 말하는 머신 러닝이다. 특히, 클라우드와 빅데이터라는 기술에 힘입어 기존 머신 러닝 분야 중 사람을 흉내 낸 인공 신경망Artificial Neural Network을 개선해 새롭게 등장한 딥러닝이 기존 인공지능의 판도를 새롭게 바꿨다는 것에 주목해야 한다.

머신 러닝과 딥러닝 과정에서 소요되는 학습 데이터, 이에 기반한 예측 공식과 결과 데이터야말로 인공지능 기술의 진정한 금맥이라고 할 수 있다.

현재의 인공지능에 대한 투자는 이를 통해 실제 기존 비스니스에 대한 생산성을 높일 수 있을 때 이뤄진다. 따라서 인공지능에 대한 투자가 이 뤄진다면 생산성이 당연히 높아질 것이라 추정할 수 있다. 그러나 이는 인공지능의 궁극적인 목적이 아니다.

사람에게 가치를 줄 수 있는 새로운 비즈니스 컴포넌트를 발굴하고 이 를 뒷받침하는 수많은 공식을 찾아내서 구현한 실체가 인공지능 서비스 의 중심이 돼야 한다. 이 과정에서 기존의 각 영역 전문가들은 이러한 서 비스들이 인간에게 지속적으로 가치를 줄 수 있는지, 인공지능이 올바 로 동작하는지를 함께 보장하는 오케스트라의 지휘자 역할을 해야 할 것 이다. 앞으로 해야 할 일들이 더 많아질 것이다.

아무쪼록 이 책이 빅데이터와 인공지능 서비스를 이해하고, 이 기술을 이용하기를 원하는 사람들에게 비전의 불씨가 되길 바란다.

실무자편

The Executive Summary of Data Science for A.I.

실무자편은 4차 산업혁명을 위한 기술 원리를 적용해 직접 새로운 컴포넌트를 발견하고, 딥러닝을 적용해보는 예시를 담고 있다. 이를 통해 AI 서비스를 발굴하기 위해 필요한 기초 개념과 실행을 위한 준비 사례를 체험해볼 수 있다. 경력을 전환하거나 전공 영역을 확장하고 싶은 엔지니어, 학생, 과학자들에게 도움을 줄 수 있다.

기술을 모르는 강남의 열성 학부모들도 클라우드와 빅데이터, 인공지능을 말한다. 아무래도 알파고 덕분인 듯하다. 자녀들의 교육에도 관심이 많아 이제는 아이들의 선행학습 목록에 컴퓨터 프로그래밍이라는 것이 추가될 정도다. 알고리즘 공부라고 하면서 프로그램 언어를 통해 남(=기존 학자 또는 전문가)이 만들어 놓은 이론을 프로그램 언어로 작성해보는 교육에 올인(All-In)하고 있다.

하지만 진정 사회에서 필요한 것은 남이 이미 만들어 놓은 알고리즘을 프로그램 언어로 만들어 볼 수 있는 능력이 아니라 클라우드, 빅데이터, 인공지능의 딥러닝 등 새로운 신기술을 이해하고, 이를 활용해 제품이나 서비스를 설계하고 사람들에게 가치를 줄 수 있는 솔루션을 발견하고 증명해보는 능력이다.

당장 빅데이터에 대해 이해하고, 프로그램 도구(R, Python, TensorFlow 등) 및 설계 방법을 이해했다면, 이제 무엇을 해야 하는가? 이제 막 빅데이터에 대한 교육이 많이 개설되고 있고, 교육을 마치고 너도 나도 빅데이터를 하겠다고 나서지만, 실제 어떤 제품을 어떻게 만들어야 하는지 막막해한다. 실제로 이 질문에 대답할 수 있는 사람은 많지 않다.

데이터 과학이 오늘날의 AI 수준으로 발전한 시작점은 클라우드였다. 이 기술에 초기부터 투자해 이 분야 최고봉의 기술을 보유한 '피보탈Pivotal' 이라는 회사가 있다. 이 회사는 피보탈 랩스Pivotal Labs라는 독특한 교육 시스템을 운영한다. 이 랩에서는 교육 참여자가 실제 수행할 아이템을 갖고 와서 클라우드 기반으로 프로그램을 만들고 적용해본다. 참여자에게는 서비스 구성 및 개발 가이드만 제공한다. 이런 방식의 교육이 갖고 있는 특징은 참여자가 무엇을 만들 것인지 정의하고 가치를 만들어 나가는 과정에는 전혀 관여하지 않는다는 것이다. 즉, 요구사항과 가설을 식별하고 시나리오Scenario를 입히는 것은 참여자의 몫이고, 이를 서비스로 구성하고 만드는 것을 가이드하는 전문 공장Factory과 같은 역할을 한다.

사회에 없던 가치 있는 알고리즘을 발굴하고 인공지능 서비스로 증명해 내는 여정은 독특한 것이며, 스스로 답을 찾아 나가는 묵언 수행이다.

이번 실무자편의 목적은 데이터 과학을 하기 위해 필요한 프로그램 언어를 익히고, 각종 머신 러닝 알고리즘을 동작시켜보는 것이 아니다. 이러한 것쯤은 다양한 책이나 기존 교육기관에서 학습 과정으로 제공한다.

독자들은 소위 DT에 필요한 신기술, 즉 클라우드, 빅데이터, 인공지능 등을 이해하고, 사회에 가치를 줄 수 있는 자신만의 포트폴리오를 만들어 볼 수 있어야 한다. 이 책은 그 설계 및 개발 과정과 적용을 돕기 위한 것이다. 실무편에서는 다음의 질문에 대한 답을 찾는 데 도움을 준다.

- 데이터와 빅데이터는 무엇이고, 어떻게 다른가?
- 구조적 데이터와 비구조적 데이터 사이에 숨겨진 사실?
- 데이터 과학자란? 기존 통계학은 어떤 역할을 하나?
- SW Architecture 지표Metrics 도출 과정은 어떻게 되나?
- 센서Sensor 수집 빅데이터 기반, 예측 모델 작성 사례 및 소프트웨어 아키텍처 개발 사례 이해
- 기술에 대한 Insight와 Foresight

4

기술의 변화 패러다임

4.1 기술 원리의 이해

4.1.1 클라우드와 빅데이터

혹시 컴퓨터를 분해해본 적이 있는가? 메인보드라는 회로 기판^{PCB}에 중앙 연산 처리 장치^{CPU}가 꽂혀 있고, 이를 중심으로 메모리와 저장 장치가 연결돼 있다.

이런 최초의 컴퓨터 구조는 폰 노이만이 제시했으며, 생산자들은 이에 기반해 현재까지의 모든 서버^{Server}와 PC, 스마트폰 등을 구성했다.

즉, 이 구조는 중앙 연산 처리 장치와 메모리, 저장 장치로 이뤄지는 방식을 말하며, 최초의 컴퓨터 아키텍처가 됐다. 이 구조에 기반해 프로그래밍이 시작됐고, 모델링이 나왔으며, 방법론이 나타났다.

하지만 오히려 이 구조는 제약사항이 됐고, 인류가 이 한계^{Boundary}에 묶여 왔던 것도 사실이다.

이 구조에 따라 생산자들이 PC 모델을 라인업^{Line Up}해 업그레이드^{Upgrade}할수록 중앙 연산 처리 장치의 개수를 늘리고, 메모리 크기를 확장했으며, 저장 장치의 용량을 높이도록 제품을 구성했다.

기존 슈퍼컴퓨터^{Super Computer}들이란, 이런 식의 확장을 최대한 거친 정점에 있는 모델들을 말했다. 이를 수직적 확장^{Scale Up}이라고 표현한다.

하지만 이러한 구조로 이뤄진 컴퓨터에게 일을 시키기 위해서는 정보를 정형화해야 했다. 즉, 저장 장치에서 메모리로 일괄 불러들여 CPU가 처리할 수 있어야 한다.

이렇게 컴퓨터는 이미 1950년대에 인공지능이라는 이름을 등장시켰지만, 이를 도구로 해서는 인간의 사고 수준으로 처리하고자 하는 머신 러닝 연산에서 한계를 드러낼 수밖에 없었다.

인간이 필요한 정보를 처리하는 뇌^{Brain}는 이런 식으로 나뉘어 있지 않기 때문이다. 뇌의 활동 단위는 뉴런^{Neuron}이라는 세포이며, 연산, 처리, 저장이라는 세 가지 동작을 한 곳에서, 동시에 수행한다. 이 세포는 연산, 메모리(연산에 필요한 정보 일시적 기억), 완료된 결과의 영구적 기록(저장)을 동시에 진행한다. 따라서 뇌는 실시간으로 학습하고, 학습한 결과에 따라 이미지나 영상을 구분하고 분류할 수 있다.

그러나 기존의 컴퓨터 구조는 사람과 같은 식으로 처리하지 않고 폰 노이만이 설계한 구조에 따랐기에 최대한 컴퓨터가 처리하기 용이하도록 정보를 구조화해줘야 했다. 이를 '정형화'라고 했는데, 이를 위해 처리 순서를 정하는 것을 '프로그래밍'이라고 한다. 예를 들어, 프로그램을 짜서 숫자나 문자를 입력하면 컴퓨터가 바로 계산하거나 그래프로 표현할 수 있다. 저장 장치로부터 숫자나 문자를 메모리로 읽어들여 연산 장치가 처리만 하면 된다.

컴퓨터 프로그램이 처리하는 과정이 연구돼 다양한 프로그래밍 언어가 등장했고, 정보를 정형화하는 과정이 연구돼 데이터 모델링이 등장했다. 되도록이면 처리 효율성을 높이기 위해 통합 관리, 저장하는 프로그래밍 방식이 컴퓨터 아키텍처의 중심이 됐다.

하지만 이 방식의 처리에는 한계가 있었는데, 모든 정보를 사전에 정형화해줘야 한다는 것이다. 여기서 정형화란, 컴퓨터가 바로 이해할 수 있도록 구조화해서 표현하는 것을 의미한다. 예를 들어, 엑셀 같이 미리 만들어진 프로그램의 표 구조에 입력되는 데이터는 컴퓨터가 바로 이해해서 합계를 내거나 그래프로 변환할 수 있다.

모든 정보를 컴퓨터가 바로 이해할 수 있도록 사전에 구조화해야 한다는 말은 당장 필요한 시점에 컴퓨터를 사용하는 것이 아니라 비즈니스가 발생한 후, 이를 정형화해 정리하는 단계에서만 활용하기가 쉬웠다는 점이다.

이 때문에 초기 전산의 역할로 IT는 의사 결정 지원 시스템이 주를 이룰 수밖에 없었다. 월 단위 매출 분석과 경영 실적 등의 비즈니스 발생 후 처리하는 수작업을 대체하는 것과 같은 사례가 대부분이었다.

이후 단계에서 발행했던 비즈니스를 요구사항으로 식별하고, 업무를 하기 위한 프로그램으로써 특정 시스템을 만들어 사용하는 단계로 확장

됐다. 즉, 업무를 시스템을 통해 처리하는 것이다. 시스템을 처리하면서 컴퓨터 성능이나 용량 개선이 필요하면, CPU 자체 개수를 늘리거나 메모리나 저장 장치를 증설해야 했는데, 이러한 수직적인 확장으로 대처해 왔다.

이렇게 기본적인 컴퓨터 구조는 CPU, 메모리, 저장 장치를 연결해서 구성하는데, 대량의 처리가 필요할수록 이들 간을 연결하는 통로인 선 Bus은 항상 병목에 걸릴 수밖에 없다는 구조적인 문제에 다시 봉착하게 된다.

문제 해결의 실마리는 구글과 같은 포털 업체에서 제기됐다. 구글은 전 세계 사용자들이 입력하는 검색어를 모두 저장하고, 메일과 같은 서비스 공간을 각각 할당해줘야 했지만, 기존의 컴퓨터 구조로 대량의 데이터를 저장하고 처리하기 위한 수직적 확장을 감당할 수는 없었다.

그래서 살아남기 위한 궁여지책으로 저렴한 사양의 컴퓨터들을 네트워크로 연결해 붙여 나가기 시작했는데, 이 방식이 오늘날 클라우드 컴퓨팅의 시작점으로, 모범 사례 Best Practice가 됐다. 수평적, 횡적으로 분산 Distribution해 연결한 여러 컴퓨터들을 가상화 Virtualization라는 특성으로 묶어 자원을 공유하고 사용량에 따라 서비스별로 계량화 Metering하는 새로운 구조를 갖게 되었다.

예를 들어, 기존 방식의 프로그래밍과 데이터 처리로는 컴퓨터가 이미지 속의 영상이 사람인지, 동물인지 알아낼 수 없다. 이를 위해서는 저장 장치로부터 이미지를 메모리로 모두 읽어들여와야 하고, 이미지를 픽셀 Pixel 단위로 분할해 하나하나 패턴을 이뤄보고, 이에 대한 의미를 학습시켜준 후에야 가능하다.

기존 컴퓨터 구조로 이러한 연산을 실시간으로 처리하는 것은 대량의 데이터를 전송하고 처리해야 한다는 것을 의미했다. 즉, 대량 처리를 위해 CPU 연산 장치와 메모리, 디스크가 하나처럼 연결돼야 하는데, 이미 말했듯이 연결선에 병목이 발생할 수밖에 없었다. 이런 아키텍처는 사고의 양이 기하급수적으로 늘어날수록 한계에 부딪힐 수밖에 없다.

필자는 한국은행, 삼성전자 등 다양한 기업 교육 경험을 갖고 있는데, 교육 관리 측면에서 PC 30대를 1년 내내 켜뒀던 적이 있었다. 이때 발견한 점이 각 PC가 최대 3개월 내에 재부팅이 되거나 꺼지기는 하지만, 30대가 모두 동시에 꺼지는 일은 발생하지 않더라는 것이다. 예를 들어, 1년 내내 단 1회의 중단도 허용하지 않도록 고사양의 서버급 컴퓨터를 유지하며 계속 확장해 나가는 것보다 30대의 저사양 PC를 네트워크로 연결해 서비스하면 '무중단 관리', '확장성'이라는 특성에서 더 효과적이라는 것이다. 한 대의 슈퍼컴퓨터를 확장하거나 여기에서 동작하는 프로그램을 변경하려면 필히 시스템을 중단해야 하지만, 저사양 여러 대를 연결한 경우에는 각각을 변경하더라도 다른 저사양 컴퓨터들이 대신해 수행할 수 있기 때문에 서비스의 중단 없이 하드웨어를 확장하거나 여기에서 동작하는 프로그램을 변경할 수 있다.

이런 특성은 향후 마이크로 서비스 아키텍처Microservice Architecture 설계Design의 주요 요인Factor이 된다. 기존 컴퓨터 구조에 맞게 통합 처리하기 위한 모델링보다는 서비스 단위로 분할하고, 설계해 구현하는 것을 고려할 수 있기 때문이다.

이렇게 여러 대의 컴퓨터를 연결해서 확장하는 방식을 수평적 확장Scale Out이라고 한다. 여러 대의 분산된 컴퓨터를 마치 하나의 컴퓨터처럼 가상화해 묶어주면 오늘날 잘 알려진 클라우드 컴퓨팅의 모습이 된다. 분산화 및 가상화는 클라우드 컴퓨팅의 핵심 기술이다.

여기서 새로운 사실이 또 하나 발견됐는데, 여러 개의 컴퓨터들을 수평적으로 늘리다 보니 상대적으로 CPU와 메모리, 저장 장치를 연결하는 선의 개수가 연결하는 컴퓨터의 개수만큼 기하급수적으로 늘어나게 된다는 것이다.

그렇다면 기존의 폰 노이만 컴퓨터 구조에 맞춰 컴퓨터에게 일을 시키기 위해 사전에 데이터를 정형화하고 통합해 처리하지 않아도 된다. 실시간으로 비정형 데이터를 처리하더라도 기존처럼 성능상의 병목 현상이 제약이 되지 않기 때문이다. 기존의 병목 현상은 비정형 데이터 처리를 위해 저장 장치에서 메모리로 데이터를 가져오는 과정에서 주로 발생했다.

구글의 엔지니어가 이 기술에 기반해 최초로 대량의 데이터, 즉 빅데이터를 처리하는 기술 원리를 소개했다. 구글의 분산 파일 시스템하에서 대량의 데이터를 처리하는 연산을 소개한 것이다.

이 기술을 발견함으로써, 기존에 인류가 하지 못했던 실시간 비정형 데이터 처리가 가능해지는 시대가 시작됐다.

이렇게 인류는 무중단 서비스 및 자동 시스템 확장이 가능한 클라우드 컴퓨팅이라는 구조를 손에 넣었고, 이 기술을 기반으로 실시간 비정형 대량 데이터를 처리할 수 있게 됐다. 비로소 실시간 머신 러닝으로 인간의 뇌를 따라갈 준비가 된 것이다.

이를 뒷받침이나 하듯, 알파고가 TV를 통해 화려하게 데뷔했다. 실시간으로 바둑판 돌의 움직임을 영상으로 파악하고, 사전에 학습한 결과를 토대로 인간 대표를 이기기 위한 다음 수를 선택하는 모습을 봤다.

4.1.2 인공지능과 머신 러닝

인공지능은 이미 1950년대에 나타난 기술이었다. 하지만 클라우드 컴퓨팅 및 빅데이터로부터 영향을 받아 최근 다시 두각을 드러낸 딥러닝은 새로운 기술이다. 이는 인공지능의 머신 러닝 분야 중 하나다. 인공지능을 동작시키기 위해서는 컴퓨터에게 학습을 시켜줘야 했는데, 이를 머신 러닝이라고 했다. 머신 러닝에는 미리 사람이 의미를 부여한 후 의도한 목적을 달성하기 위한 지도식Supervised 방식이 있다. 대표적인 예로는 분류Classification 및 예측Prediction 방식을 들 수 있다. 실생활에서 많이 사용되는 회귀Regression는 머신 러닝에서 사용하는 예측 모델의 일종이다. 예를 들어, 하루 중 특정 시간대에 갖는 값이 일정하면, 앞으로의 특정 시간대에는 이 값을 갖게 될 것이라고 예측하는 것이 회귀식 사고다. 반면, 어떠한 가정도 없이 시작하는 비지도식Unsupervised 방식도 있다. 대표적인 예로는 군집Clustering을 들 수 있다.

지금까지 학자들이 연구한 머신 러닝 방법 중에 인간의 뇌를 흉내 낸 인공 신경망이 인지 관점에서 현실세계를 학습시키는 데 가장 효과적이었다. 이는 초기에 가정한 값을 학습을 통해 강화하며, 최적화해 나가는 것이므로 강화 학습Reinforcement 방식이라 할 수 있다. 가정한 값을 제공하기 때문에 지도식 모형에 가깝기는 하지만, 최적화해 나가는 과정은 비지도식 방식이므로 좀 더 진보적이라 할 수 있다. 이러한 인공 신경망 머신 러닝도 당시 폰 노이만 컴퓨터 구조로는 실시간으로 비정형 데이터를 처리할 수 있는 컴퓨터 성능이 보장되지 않았기에 현실적으로 쓰이지 못했다.

그래도 데이터 마이닝 분야에서 머신 러닝 이론들을 통계학과 접목해 많이 차용해왔기 때문에 운영성 데이터를 분석해 정보화하는 작업에 제한적으로 활용되면서 그 명맥을 이어왔다.

그러나 클라우드 컴퓨팅 구조를 활용해 빅데이터 기술 원리를 발견함으로써 머신 러닝 분야에서 신경망 분야가 딥러닝이라는 이름으로 급성장하게 됐고, 알파고와 같이 동작하는 실시간 인공지능 서비스를 이 세계에 내놓게 됐다. 이렇게 다시 인공지능과 머신 러닝이 인류의 미래 기술로 조명을 받기 시작한 것이다.

4.2 기술 원리의 활용

4.2.1 데이터 분석 노블레스 오블리주

시중에는 빅데이터를 교육하겠다는 곳과 빅데이터를 도입하겠다는 기업들로 넘쳐난다. 내용을 살펴보면 기존 통계학을 빅데이터라며 교육하는 곳도 있고, 빅데이터 분석에 활용할 수 있는 도구나 언어를 빅데이터 교육이라고 표방한 컴퓨터 학원도 많다. 빅데이터 환경 구축Eco-system을 실습하는 교육 기관도 있다.

어찌됐든, 이렇게 빅데이터를 교육 받은 후에는 무엇을 해야 할까? 대부분 바로 대답을 하지 못한다. 실제 국내 굴지의 공기업/사기업 임원들도 수천 명의 연구원들이 빅데이터 분석에 매달리고 있지만, 기업에서 만족할 만한 성과를 내는 데에는 한계가 있다고 필자에게 실토한 바 있다.

왜냐하면, 대부분 기존 비즈니스 업무를 개선시키는 데에 초점을 두기 때문이다. 국내 대기업 전무 이사로 퇴직한 엔지니어의 말에 따르면, 한국 기업은 창의적인 사람보다는 말을 잘 듣고 성실한 사람을 뽑는다고 한다. 데이터 분석을 통해 새롭게 사회에 가치를 줄 수 있는 공식의 발견은 기업 역할이 아니고 회사와 본인 실적이 먼저라는 것이다. 즉, 투자자 입장에서는 기존의 데이터 마이닝과 품질 관리가 그러했듯이 장애를 예측하거나 생산성을 높이는 데에 초점을 두고, 생각보다 좀 더 비싸게 투자하는 비용 정도로 인식한다는 것이다.

빅데이터는 직접 데이터를 생산하고 소유할 수 있는 조직에 한해 도입할 수 있는 기술이다. 하지만 이 기회조차도, 말을 잘 듣고 정형화된 답을 내는 사람을 뽑아 기존 비즈니스의 생산성을 높이는 비용으로 투자한다고 하니 국내 기업 환경이 안타까울 뿐이다.

하지만 현재의 비즈니스에서 직접 데이터를 생산하고 소유하지 못하더라도 발명가 스타일의 인재는 향후 새로운 비즈니스를 발굴할 수 있다. 예를 들어, 사물 인터넷 등의 기술 인프라와 생활 데이터를 다룰 수 있게 되고, 데이터에 대한 특성Feature 추출이 가능해 기존 비즈니스에 대한 개선말고도 데이터를 분류하고 특정하는 등 지표 식별을 통해 신규 서비스를 설계할 수 있는 데이터 분석의 길이 열려 있기 때문이다.

전통적인 데이터베이스는 정해진 업무 시스템 한계System Boundary 내에서 제품이나 서비스를 생산하기 위해 필요한 운영성 정보를 관리하는 것이었다. 사기업이든, 공기업이든 생산성 높은 제품이나 서비스를 잘 만들면 그만이라는 것인데, 이는 '나로부터 밖을 바라보는' 방식이다.

하지만 생산된 제품이나 서비스가 업무 시스템 한계를 넘어 시장에 전달돼 좋은 피드백을 받지 못하면 해당 기업은 생존을 유지할 수 없다. 따라서 '밖으로부터 나를 바라보는' 방식의 분석이 필요하다.

이를 위해 의미 있는 사건^{Fact}별로 차원^{Dimension}을 분석해 기록해두는 것을 '데이터 웨어하우스'라고 했다. 예를 들어, '물건이 팔렸다'가 사실^{Fact}이고 '언제', '어디서', '누가' 등의 분석 정보가 차원^{Dimension}이 되는 식이다.

이러한 정보들이 대량으로 쌓이면, 분류 또는 예측 등의 패턴을 찾아볼 수 있는데, 이를 '데이터 마이닝'이라고 한다. 실제 투자자나 경영진들에게 의미 있는 정보를 줄 확률이 매우 높지만, 기술 특성상 오랜 분석과 정제의 과정을 거쳐야 한다.

하지만 빅데이터는 태생 자체가 '밖에서 나를 바라보는' 방식이다. 더욱이 클라우드 컴퓨팅 기술 원리에서 동작하는 것을 바탕으로 하기에 실시간성으로 비정형 데이터까지 처리하고 대응할 수 있다. 기존 컴퓨터 아키텍처에 맞춰 컴퓨터에게 일을 시키기 위해 따로 정형화하는 과정을 거칠 필요가 없기 때문이다.

직접 방대한 (정형/비정형) 데이터의 실시간 분석을 통해 사람들에게 가치를 줄 수 있는 공식을 찾아내고, AI 서비스로 발굴해내는 일련의 과정이 실현되는 것이다. 이를 위해 중요한 것은 나의 요구사항이 아니라 방대한 데이터 속에 숨어 있는 사람들의 의식과 인식의 흐름이다. 따라서 빅데이터를 통해 좋은 서비스를 발굴하기 위해서는 먼저 데이터 분석 노블레스 오블리주^{Noblesse Oblige}를 갖춰야 하는 것이다. 데이터를 생산하고 소유하는 조직에서는 당장 기업에 도움이 된다는 확신이 없더라도 소유 데이터의 크기에 걸맞은 의무와 책임을 갖고 가치 발굴에 참여해야 한다.

앞으로 데이터를 생산하고 소유하는 오너^{Owner}들은 기존 비즈니스를 모두 디지털 기반으로 변환하는 시기를 맞게 된다. 신기술(Cloud, Big Data,

AI Service)을 활용해 서비스를 지속적으로 발굴하고 사회와 인류의 가치에 기여 하는 것은 미래 조직의 생존과도 연관돼 있다.

'노블레스 오블리주'란, 남들이 갖지 못하는 능력을 가진 사람은 그만큼 책임감도 크다는 말이다. 데이터 속에 묻힌 비밀 공식들은 적어도 사람들에게 가치를 줄 수 있는 인식의 흐름 속에 깊게 숨어 있다. 데이터를 생산하고 소유하는 조직은 단지 데이터의 중개인이 아니라 데이터 속에서 공식을 발굴해 상품과 서비스로 설계할 수 있어야 한다.

4.2.2 오픈소스 프로젝트의 파워

필자는 스스로 기술 교육자^{Evangelist}의 길을 걸었음을 행운으로 여긴다. 기술 현장에서 해결하지 못하는 문제점들을 해결하고자 다시 교육 기관과 학교를 찾아 늦은 밤까지 수업을 듣는 수많은 엔지니어들을 만날 수 있었고, 그들의 열정과 희망, 도전을 향한 가슴 떨림을 함께 할 수 있었기 때문이다.

필자는 현대그룹 기업 연수원에서 시작해 삼성그룹 임직원 IT 전략 등 기업 교육을 20년 가까이 해왔다. KT 본사에서는 회사에서 선발된 대형 프로젝트 PM들에 대한 연수도 진행했고, 한국은행에 초빙돼 전산정보처리국 리더들에게 IT 원리를 가르치기도 했다. 미국 실리콘밸리에서는 3년 정도 POSCO 투자 법인 연구소 인프라 총괄을 맡았다. 이 기간 중 일부를 겸임 교수로 10년 동안 학구열이 가득한 엔지니어들을 만나왔는데, 필자가 지내왔던 시간 중에 모두 행복했던 기억들로 남아 있다. 최근에는 대기업 빅데이터 임원 자리나 한국지사 법인 대표 자리를 헤드헌터로부터 제안 받기도 했지만, 필자는 그냥 엔지니어가 좋다.

이렇게 IT를 20년가량 하면서 최근에 느낀 사실 중 하나는 패러다임이 변하고 있다는 것이다.

기존에 IT는 생산성을 높이기 위한 비즈니스 도구로 많이 활용해 왔다. 프로그래머는 어느새 개발자로 표현되며, 일한 기간이 비용으로 분류되기 시작했고, 정부는 무료 프로그래밍 과정을 개설해 수많은 단기 프로그래머들을 양성해냈다. 이 과정에서 프로그래밍 업종이 4D(3D + Dreamless)로 분류되는 것도 봤다. 영업 대표는 가격 경쟁력을 높이기 위해 투입 인력(=투입 비용)을 줄여 사업을 수주하기에 바빴고, 개발자들은 투입 인력이 줄어 불가피하게 많아진 업무를 야근으로 채워 나갔다. '술을 먹지도 않았는데 멀쩡한 사람이 새벽에 택시를 이용하면, IT 개발자다.'라는 말이 택시 기사들 사이에 흔하게 나돌았다. 대부분 국내 회사는 영업 대표나 PM^{Project Manager}이 더 필요했고, 개발자들은 언제든 외주나 협력업체에 부탁할 수 있었다. 프로그래밍은 정부의 지원으로 언제든 무료로 배울 수 있는 기술이었다. 외국계 회사인 오라클^{Oracle}은 고가의 DBMS 라이선스 정책을 유지했고, 한국 IBM은 조직을 마케팅 중심 인력 위주로 구성했다.

하지만 최근 IT는 오픈소스 중심으로 재편되고 있다. 클라우드 기술이 오픈소스에 기반을 두고 있고, 빅데이터 환경^{Big Data Eco-System}도 오픈소스에서 더 발전하고 있다. 오픈소스 기술은 무료 라이선스 정책을 유지한다. 누구든 활용할 수 있지만, 활용했다는 사실과 소유권을 명확히 구분해서 활용한 소스를 또 공개하라는 조건이다.

실제로 기존 방식으로는 10명으로 3년이 걸릴 개발 업무를 2명이 오픈소스를 활용해 3개월만에 끝내는 것을 보았다.

개발한 프로그램 소스들이 지속적으로 공개되고 활용할 길이 열리면서, 누구든 프로그래밍을 이해하면 스스로 솔루션을 만들어 낼 수 있는 기회를 얻게 된다. 단지 생산성 개선 측면뿐만 아니라 솔루션 발명 및 발견 측면에서도 환경의 개선이 이뤄지고 있는 것이다.

이미 IT를 활용해 충분히 업무를 하고 있는 상황에서, 경쟁적으로 요구 사항을 추가로 더 받아와 프로그램을 제공하는 일들은 이제 점차 줄어들고 있다.

이제는 사용자들이 요구하지 않아도 가치 있고 필요한 아이템을 발명 또는 발견해 제공하는 방식으로 비즈니스 패러다임이 바뀌고 있는 것이다.

구글은 텐서플로^{Tensor Flow}라는 머신 러닝 도구(Library)를 오픈해 제공하고 있고, 페이스북은 SNS를 검색할 수 있는 API^{Application Programming Interface}를 오픈하고 있다. 아마존은 인공지능 알렉사^{Alexa}를 사용할 수 있는 API를 무료로 제공하고 있다. 사용자들이 이 도구 및 인터페이스를 활용해 가치 있는 비즈니스를 만들고 함께 성장할 수 있는 생태계가 조성되고 있는 것이다.

5

데이터 분석과
알고리즘 구현

5.1 데이터 분석 이해

5.1.1 디지털 아키텍트

본격적으로 데이터 과학 실무를 접하기 전에 최근 데이터 과학의 파동을
일으킨 그 진원지와 당면한 이슈를 먼저 이해하자.

지금까지 제시했듯이 클라우드 컴퓨팅, 빅데이터 및 인공지능 등의 기술
들을 그 시작점이라고 볼 수 있다. CEO 및 투자자들은 이 기술들을 다
음 세대의 비즈니스를 위한 핵심으로 여기고 있다.

하지만 새로운 기술 영역이 기존 기술을 대체해 직접 돈을 벌어들이는 비즈니스가 되기까지는 모두 비용으로 여겨질 뿐이다. 이렇듯 시장^{Market}에서의 신기술 목적은 새로운 사업 영역의 창출이며, 이 기술들의 촉발 조건들은 디지털 전환을 통해 이뤄진다. 따라서 기존의 비즈니스뿐만 아니라 새로운 기술의 원리를 모두 이해하고, 비용에서 수익으로 전환을 이뤄내는 선각자 역할을 하는 사람이 필요하다. 이런 전문가를 '디지털 아키텍트^{Digital Architect}'라고 한다.

투자자들에게 신기술을 소개하는 세미나를 주최할 수도 있고, 어떤 때는 영업 대표가 되기도 하며, 어떤 때는 직접 제품 개발을 수행할 리더가 되기도 한다. 이렇듯 디지털 아키텍트의 역할과 모습은 각양각색이 될 수 있다. 오늘날의 데이터 과학자는 디지털 아키텍트의 모습을 겸비해야 한다는 것이 이전 데이터 과학자와의 차이점이 될 것이다.

5.1.2 언제부터 데이터 과학이 있었나?

데이터 과학은 최근에 나타난 학문이 아니다. 이미 30년 전부터 데이터로부터 의미를 찾아내는 공학적 분석에서 시작했으며, 컴퓨터과학과 연관된 통계학적 접근이 많았다. 대량의 데이터를 다뤄야 했고, 분석에 시간이 제법 소요됐기에 그다지 인기 있는 학문은 아니었다. 그조차도 컴퓨터로는 대량의 데이터 처리에 한계가 있었기에 통계학적인 접근 방법에 많이 의지할 수밖에 없었다.

하지만 최근에 발견된 빅데이터 처리 기술에 힘입어 데이터 과학이 급속도로 부각되고 있으며, 실시간 데이터 분석을 통해 미지의 세계를 발굴하는 첨단 아이템으로서 새로운 인공지능, 알파고를 탄생시킨 유망 기술이 됐다. 실제 알파고에서 사용된 최신 기술은 기존의 인공 신경망이라는 머신 러닝 방법을 빅데이터 기반의 실시간 비정형 데이터 처리 기술을 활용해 딥러닝이라는 방식으로 발전시킨 결과였다.

「하버드 비즈니스 리뷰」에서는 '21세기 가장 섹시한 직업'으로 데이터 과학자를 선정하기도 했다. 아마 데이터를 통해 새로운 패턴이나 의미를 발굴하는 미지의 영역을 미화해서 '뇌섹남', '뇌섹녀'의 의미로 이해한 듯하다.

5.1.3 통계 기초, 요인 분석 그리고 콘텐츠 룰

미지의 데이터 더미에서 그냥 공식을 발굴할 수 있는 것이 아니다. 먼저 의미를 갖거나 전체에 영향을 미칠 것으로 예상되는 요소를 찾아내는 것이 순서다.

인공지능의 핵심 엔진이 공식이라면, 머신 러닝은 이 공식을 기계에게 이해시키는 작업이다. 이를 위해 사람이 일일이 레이블^{Label}(의미)을 지정해 분류해서 학습시키는 방식을 '지도식 학습'이라고 한다.

반면, 딱히 레이블을 정하지 않고 데이터의 군집 형태 등을 보면서 특이점(Singularity, Feature)을 추출해 의미를 찾아 나가는 형태를 비지도식 학습이라고 한다.

머신 러닝 중 강화 학습 방식은 초기에 공식의 의미를 정해 가설을 세우지만, 데이터에 대한 분석 결과에 의해 기존 가설을 교정해 나가며 공식을 발견해내는 방식이다. 인공 신경망 학습 방식이 이에 가까운데, 세기의 대결로 펼쳐진 알파고에 사용된 학습 방식은 이 방식을 확장시킨 딥러닝이었다. 주로 클라우드 기반하에 빅데이터 분석이 가능해지면서 비정형 데이터의 처리가 쉬워지고, 이에 힘입어 인공 신경망 방식이 딥러닝 형태로 확장될 수 있기 때문이다.

실무편에서는 딥러닝을 직접 다루지 않는다. 머신 러닝의 분야 중 인공 신경망 방식을 확장 개선한 특정 부분이고, 이미 많은 서적에서 소개하는 주제이기 때문이다. 따라서 이 책에서는 딥러닝을 도구 정도로 간주할 것이다. 구글이 딥러닝을 도구로 분류하고, 이미 자사의 텐서플로를 오픈소스로 제공하고 있는 것과 같은 이유다. 구글은 앞으로 발견하게 될 인공지능 서비스들에 탑재될 공식의 발견에 초점을 둘 것이다. 알파고는 기껏해야 바둑 분야의 인공지능 서비스일 뿐이다.

인공지능이 동작하기 위해서는 의미 있는 공식이 필요하다. 예를 들어, 독립변수 X1과 X2가 있다면, 종속변수 Y를 예측할 수 있어야 하는 것이다. 독립변수들의 값이 인지될 때, 이미 학습한 데이터를 토대로 종속변수를 예측할 수 있게 되는 것이 인공지능 엔진의 핵심 내용이다.

이 도구를 사용하기 위해서는 의미 있는 공식을 먼저 발굴해 가정해야 한다. 의미 있는 공식을 발굴하려면 독립변수와 종속변수를 가정하고 설계해야 한다.

거꾸로 말하면, 무조건 빅데이터를 수집해서 텐서플로와 같은 도구를 동작시킨다고 해서 의미 있는 결과를 찾을 수 있는 것이 아니라는 것이다. 빅데이터에 관심을 갖고 있는 학부생, 대학원생들뿐만 아니라 국가 연구소나 대기업 연구소에서 빅데이터에 관심을 갖고 있는 전문가, 연구원들조차도 기존 공식을 적용해서 실습해보는 범주를 넘어서지 못하는 경우가 많다.

유즈케이스^{Usecase}를 식별해 기능적, 비기능적 지표로 설계한 후에야 독립변수, 종속변수들에 해당하는 공식을 만들어 낼 수 있는데, 실무편에서는 이를 위해 필요한 최소한의 실무 소프트웨어 아키텍처 설계 방법과 통계 분석 방법을 설명한다. 이후 마이크로 서비스 아키텍처를 설계하고 구현하는 가이드와 예시를 찾아볼 수 있다.

데이터 과학을 위한 접근 방법으로는 기호학의 역연역법^{Inverse Deduction}, 연결을 위한 역전파^{Backpropagation} 방법, 진화론에 따른 유전자 프로그래밍^{Genetic Programming}, 통계 확률에 기반을 둔 베이즈 추정^{Bayesian Inference}, 유추 방식의 서포트벡터 머신^{Support Vector Machine} 등을 들 수 있다.

이 중에서 실무에서 데이터를 통한 특이점을 발견하고 추정하는 방법으로는 일반적으로 통계 확률에 기반을 둔 추정 방식을 사용하는 경우가 많다.

모든 방식은 관찰하는 데이터에 대한 많은 이해와 실험 그리고 기존 학설에 대한 심도 있는 연구가 전제돼야 한다. 그러나 기존에 통계학자들이 발견해 검증된 이론과 공식을 그대로 활용하는 수준이라면, 그나마 이미 정형화된 통계학이 학자가 아닌 실무자들도 접근하기 쉽기 때문이다.

가능한 통계 분석 방법 중에는 요인 분석^{Factor Analysis}과 분산 분석^{ANOVA}, 경로 분석, 구조 방정식 분석 정도를 데이터의 특이점 분석 및 공식 도출에 사용할 수 있다.

참고로 역전파 방법은 공식을 발견한 후 인공 신경망 방식으로 강화 학습을 통해 최적화시킬 경우에 사용할 수 있다.

요인 분석이란, 특정 요인이 전체에 미치는 영향도를 표현하는 것을 말한다. 특히, 이 요인이 집단 간에 영향을 미치는 경우를 구분한 것을 '분산 분석'이라고 한다.

본격적인 분석에 들어가기 전에 콘텐츠 룰^{Contents Rule}(업무 규칙)을 식별하기 위한 준비 작업을 해야 한다. 업무 예시는 필자가 분석한 바 있는 SCADA^{Supervisory Control and Data Acquisition} 모니터링, 접근 통제를 위한 디지털 포렌식^{Digital Forensic} 업무에서 발췌했다. 국제 과학 기술 색인 논문지 SCI, Science Citation Index에 게재해 인증된 콘텐츠 내용이다.

디지털상의 사건^{Incident} 수사를 위해 다양한 각 분야 전문가들이 모여서 다자간 협업 모델을 이용해 자신의 전문 분야 외의 지식을 학습하며, 현상에 대한 통찰력을 추가하는 융합 학습 방식이다.

이 책은 데이터 분석 유즈케이스를 사례로 제공한다. 비콘^{Beacon}과 디지털 포렌식 절차를 응용한 인지 공간 구성과 딥러닝을 활용한 개인화 컴포넌트 식별 방법을 담고 있다. 학습을 목적으로 참조하는 것은 상관없지만, 상업적인 활용은 출판권과 저작권에 위배된다.

기존의 데이터 과학은 데이터세트^{Data Set}에서 특징^{Feature}을 (1차) 추출해 (2차) 데이터를 적재하고 의미 있는 관계를 찾아내거나 이를 통해 향후를 예측하는 형태의 2차원적 분석이었다. 이런 형태의 분석은 1950~1960년대부터 시작돼온 기술들이다. 여기서는 이러한 분석 기반 위에서 콘텐츠 룰을 적재해 데이터를 담는 변수로서 뿐만 아니라 기능/비기능적인 (3차) 의미를 담는 3차원적 컴포넌트로 다루겠다는 것이다.

이렇게 미지의 컴포넌트를 발견하고 이들 간의 관계를 증명하는 것을 기존에 사용됐던 용어 중에 도메인 및 유즈케이스, 마케팅 등의 의미를 포괄할 수 있는 '콘텐츠 룰'이라는 단어로 명명한다. 클라우드, 빅데이터 등 인프라의 개선으로 콘텐츠로 의미를 갖는 컴포넌트 수준의 실시간 분석 및 학습이 가능하다는 것이 전제다.

따라서 여기서 사용하려는 분석 학습 방법은 최근 인공지능을 부각시키기 위해 만든 딥러닝 방법만을 사례로 활용한다. 기존 데이터 과학자들이 연구하고 많이 사용해왔던 전통적인 머신 러닝 방법은 지난 수십 년간 이미 다른 서적들이 충분히 다루고 있기 때문이다.

즉, 요인 분석이나 경로 분석, 구조 방정식 등 기존 공통 분석 방법 외에도 컴포넌트를 발견하기 위한 소프트웨어 아키텍처 기술(기능/비기능적 유즈케이스 식별)을 융합해 적용했다. 필자는 이 단계를 도메인 기반 지능형 아키텍처라고 분류한다. 의미 있는 특징으로 확대해 추정한 컴포넌트와 이에 대한 콘텐츠 룰을 가설로 세우고, 머신 러닝 단계에서 딥러닝을 적용해 가설에 대해 의미 있는 가치와 관계를 갖는 새로운 컴포넌트를 발견하려고 하는 것이다(Sung Ryel Lim: Identifying management factors for digital incident responses on Machine-to-Machine services).

제시하는 사례는 강화 학습을 통해 처리하는 콘텐츠 룰을 개인에게 제공하는 역량 개발 모델이다. 세트업 환경에서, 각 센싱Sensing 식별자들의 값이 중계기(통제 변수, Control Variables)와 가깝게(=의미가 높게) 나오기 위해 필요한 최적화 과정을 콘텐츠 룰로 식별해 학습 모델로 제공한다. 이 룰을 적용해 개인별 특성에 맞게 협업 업무를 하기 위한 최적의 분석을 지원하고, 결과적으로 협업의 성과를 극대화하게 되는 모델이다.

요약하면, 원래 이 모델은 디지털 포렌식 수사관들이 사건 처리를 위해 다른 분야의 전문 영역까지 학습하거나 의견을 교류할 필요성이 있어 이를 최적화하기 위해 다뤘던 다자간 협동 학습 모델에서 시작됐다(Sung Ryel Lim: Control Variables of Remote Joint Analysis Realization on the M2M Case).

이 모델은 여러 명의 전문가들이 참여해 이뤄지는 컨설팅 업무에도 사용할 수 있는 학습 모델이다. 세계적으로 유명한 이스라엘에서 토론으로 이뤄지는 학습 방식을 이와 비슷한 모델로 볼 수 있다. 인지 공간을 세트 업해 자동으로 데이터 획득 및 실시간 분석이 이뤄진다는 점이 추가되는 사항이다.

다음 [표 3]은 M2M^{Machine to Machine} 센서에 대한 특이점 조사를 위한 가상의 종합 상황실을 배치하고, 디지털 포렌식 업무에서 필요한 참여자의 역할과 센서 특이점 배치를 기획하기 위한 유즈케이스다. 사용된 데이터들은 실제 대한민국 디지털 포렌식 수사관들의 업무와 의견을 반영한 것들이다. 구성된 공간에서 최적의 학습을 하기 위해 필요한 컴포넌트를 도출해 대시보드로 구현하는 과정을 반영했다.

각 업무 담당자는 4개의 역할을 가질 수 있다(Responsible, Supportive, Accountable, Consulted & Informed). 그리고 각 담당자별로 비콘 센서가 장착된 ID 카드를 소지한다.

아래의 업무 단계별 각 지표들은 중계기(통제 변수) 유형을 할당하기 위한 것이며, 초기 중계기에 세팅될 수 있는 값들이다. 향후 센서로부터 수집되는 ID 카드별 구분 값을 더해 서버(DB)로 추가 정보를 전송하는 데 사용할 수 있다.

표 3 첫 번째 유즈케이스를 고려한 중계기와 세팅 지표 설계

단계	세팅 지표	중계기 유형	Responsible for Digital Forensic Team	Supportive for Detective	Accountable for Supervisor	Consulted & Informed for Detective
회의 소집 결정	Position of attendee	Objectivity	●			
	Specialty of attendee	Objectivity	●			
미팅 준비	Original disk	Accuracy	●			
	Image copy of the original disk	Objectivity	●			
	Forensic tools(HW, SW)	Objectivity	●			
	One time password for authentication and authorization	Objectivity	●			
사건 개요	Remote joint analysis connectivity	Speed Accuracy Objectivity	●	●	●	●

단계	세팅 지표	종계기 유형	Responsible for Digital Forensic Team	Supportive for Detective	Accountable for Supervisor	Consulted & Informed for Detective
사건 브리핑	Personal information of the accused, suspect and witness	Accuracy	●			●
	Case briefs and request for analysis	Accuracy	●	●	●	●
	Investigation summary before attendance	Objectivity	●	●	●	●
	Basic investigation history before attendance	Accuracy	●	●	●	●
	Conference call solution	Speed	●	●	●	●
새로운 업무 배치	Original disk	Accuracy				
	Image copy of the original disk	Objectivity	●	●	●	●
	Joint analysis remote monitoring for joint analysis	Speed Accuracy Objectivity	●	●	●	

단계	세팅 지표	중계기 유형	Responsible for Digital Forensic Team	Supportive for Detective	Accountable for Supervisor	Consulted & Informed for Detective
새로운 업무 배치	Digital forensic tools	Objectivity	●	●	●	●
	File image extract during analysis	Accuracy	●	●	●	●
	업무 배치	Objectivity	●	●	●	●
	Administrative command other than digital forensic tools	Objectivity	●			
	Extra data gathered	Objectivity	●			
검토 및 종료	Check list for standard analysis	Objectivity	●	●	●	●
	Executive summary for final joint analysis	Accuracy Objectivity	●	●	●	●

다음 [표 4]는 중계기(통제 변수)로부터 업무 정도에 따라 배치 공간을 구분한 결과다. 중계기는 3개씩 위치해 삼각 측량을 통해 현재 참여자의 업무 위치를 식별한다.

각 업무 담당별 4개의 역할을 참조해 중계기 유형을 식별하고, 필요한 중계기를 초기 세팅한다(Responsible, Supportive, Accountable, Consulted & Informed).

다음에서는 중계기 유형별 ID 카드를 가진 사용자가 갖게 될 성취 등급에 따라 거리 값에 의미를 반영한다. 학습 콘텐츠별 처리 완성도에 따라 5개의 성취 등급(Outstanding, Excellent, Meet Expectation, Need Efforts, Fail)을 갖도록 물리적 격벽을 세팅한다.

성취 등급은 초기 관리자가 세팅하고, 이후 작업자의 학습 콘텐츠별 참여 여부, 리포팅 이력 조회, 리포팅에 대한 처리 결과 등을 통해 자동 조정된다. 또한 강화 학습을 통해 성취 등급을 높이기 위해 필요한 개별 참여자에게 필요한 콘텐츠에 대한 조언을 제공한다.

예를 들어, 학습 콘텐츠별 작성 결과는 제출하는 보고서 형태소 분석 후 키워드 매핑Mapping을 통해 정확도 등의 값을 부여한다. 이후 각 중계기별 최고의 등급을 갖기 위한 역량 육성 콘텐츠를 조언한다.

학습자가 이동 시 자동으로 ID 카드를 식별해 본인 학습 위치의 PC가 알람을 제공한다. 성취 등급이 높을수록 중계기에 인접하는 좌석과 성취 등급이 낮을수록 가장 떨어진 좌석까지 5개의 격벽을 갖는 모바일 좌석 Mobile Seat(도서관처럼 특정인에게 고정되지 않은 좌석)과 해당 등급의 자료를 보유한 PC에 접근할 수 있다. 학습 완성도가 높을수록 높은 성취 등급의 자료를 활용할 수 있다. 모든 업무자는 ID 카드(센서 비콘)를 장착하고 업무를 처리한다. 하루에 1~5건의 학습 케이스가 할당되며, 케이스별 콘텐츠 학습 결과 보통 하루에 2~3회 좌석 이동이 발생한다.

케이스별로 지정된 성취 등급을 직접 할당 받은 경우에는 콘텐츠를 학습하기 위해 직접 해당 격벽으로 이동할 수 있지만, 케이스별 학습 결과를 토대로 성취할 수 있고, 하향 조정되면 이를 보완한 후 승급할 수 있다.

다음은 각 참여자가 갖는 ID 카드(비콘 센서)로부터 60일간 중계기가 측정한 결과(RSSI 값의 강도)를 취합한 예제다. 2009년도 황강 댐 사건을 수사하는 과정을 참조해 실제 업무 프로세스에 적용한 후, 학습에서 참여자들의 업무 위치를 확인해 재관측한 실데이터를 반영했다. 각각의 센서는 개별적으로 동작하지만, 전체 기록 값들은 하나의 일련의 행위로 묶어 각자가 전체에 영향을 미치는 것으로 가정한다. 이 센서 배치 결과, 의미를 갖는 컴포넌트를 식별할 수 있으며, 매번 상황실 또는 교육장 전개 시 초점을 둬야 하는 특이점으로 관리할 수 있게 된다.

표 4 첫 번째 측정 유형 배치

업무 단계	중계기명	센싱 식별자	측정 유형 설명
기존 업무 배치	Accuracy	Policy_A	원본 콘텐츠 확보 유무, 학습 요청에 대한 브리핑, 기초 조사 이력 유무 정보를 종합해 본인 분석 정확도를 판단하고 성취 등급 자동 조정
		Standard_A	학습 참여자에 대한 정보 공유 유무, 분석 중 이미지 카피 유무, 케이스별 처리 결과, 대상 정보 정확도에 따라 성취 등급 자동 조정
		Architecture_A	최종 분석에 대한 실행요약 케이스별 학습 결과, 참여자 불만 발생 정도에 따라 성취 등급 자동 조정
	Speed	Architecture_B	콘퍼런스 콜 여부, 케이스별 처리 결과, 지식 수집 시간을 평균과 비교해 성취 등급 자동 조정
		Architecture_C	콘퍼런스 콜 여부, 케이스별 처리 결과, 연구 실험 시간을 평균과 비교해 성취 등급 자동 조정
		Standard_B	콘퍼런스 콜 여부, 케이스별 처리 결과, 경험하지 않은 사건에 대한 분석 시간을 평균과 비교해 성취 등급 자동 조정
	Objectivity	Standard_C	참석자의 지위, 케이스별 처리 결과, 부도덕한 결과가 나타날 경우, 평균과 비교해 성취 등급 자동 조정
		Standard_D	참석자의 전문성, 케이스별 처리 분석 결과, 이론적인 판단 오류가 나타날 경우 평균과 비교해 성취 등급 자동 조정
		Policy_B	추가 데이터 수집 여부, 케이스별 처리 결과, 주관적인 입증이 불가피할 경우 평균과 비교해 성취 등급 자동 조정

업무 단계	중계기명	센싱 식별자	측정 유형 설명
새로운 업무 배치	Accuracy	Policy_C	협업 모델/앱 사용 여부, 케이스별 처리 결과, 새로운 업무 배치 수행으로 정확도가 평균과 달라질 경우 성취 등급 자동 조정
	Speed	Architecture_D	협업 모델/앱 사용 여부, 케이스별 처리 결과, 새로운 업무 배치 수행으로 신속성이 평균과 달라질 경우 성취 등급 자동 조정
	Objectivity	Standard_E	협업 모델/앱 사용 여부, 케이스별 처리 결과, 새로운 업무 배치 수행으로 객관성이 평균과 달라질 경우 성취 등급 자동 조정

[표 5]는 추가된 센서(볼드체)를 포함해 센서 측정 결과를 요약한 것이다. 센서 추가 전/후의 구분은 Classification이라는 센서로 처리했다.

표 5 첫 번째 배치로부터 측정한 결과 요약

센싱 식별자	평균값	표준편차	측정일 수
Architecture_A	3.23	0.89	60
Architecture_B	3.1	1.311	60
Architecture_C	3.2	1.338	60
Architecture_D	3.9	0.706	60
Policy_A	2.07	1.071	60
Policy_B	3.23	0.767	60
Policy_C	4.03	0.61	60
Standard_A	3.53	0.769	60

센싱 식별자	평균값	표준편차	측정일 수
Standard_B	3.27	1.539	60
Standard_C	3.07	0.733	60
Standard_D	2.9	0.477	60
Standard_E	3.87	0.676	60
MJA Control Metrics	3.55	0.746	60
Classification	1.50	0.504	60

여기에 배치된 각 센서들이 제 역할을 할지 보증해야 한다면, [표 6]에서와 같이 Cronbach's Alpha 수치를 활용할 수 있다. 분석한 결과는 '0.686'을 보인다. 통상 이 기준 값이 0.6 이상이면, 각각의 센서의 활동이 전체에 미치는 영향이 있다는 것을 의미한다.

표 6 첫 번째 배치에 대한 신뢰도 측정

Cronbach's Alpha	Cronbach's Alpha Based on Standardized Items	Sensors Total
0.686	0.707	14

이 센서들이 취득한 값에 기반해 전체에 미치는 요인을 분석해서 발견한 요소들을 새롭게 그룹핑해 매핑(박스 부분)하고, 기존 요인과 함께 정리해 보면 다음 [표 7]과 같다. 기존 센서로부터는 'Speed'와 'Accuracy' 패턴만 의미가 있으며, 새롭게 추가된 센서로 구분한 각각의 컴포넌트는 하나의 패턴으로 의미를 가질 수 있다.

표 7 첫 번째 배치에 대한 요인 분석

원천 데이터	추정한 컴포넌트	센서로부터 데이터 취득	실제 발견된 컴포넌트		
			1	2	3
기존 센서	Objectivity	Standard_C	0.603	0.043	0.413
		Standard_D	0.359	−0.229	0.071
		Policy_B	0.739	−0.141	0.200
	Speed	Architecture_B	−0.183	0.961	−0.006
		Architecture_C	−0.027	0.993	−0.023
		Standard_B	0.097	0.971	−0.064
	Accuracy	Policy_A	0.442	−0.023	0.651
		Standard_A	−0.159	−0.175	0.772
		Architecture_A	−0.047	0.077	0.843
추가 센서	Accuracy	Policy_C	0.802	−0.200	−0.252
	Speed	Architecture_D	0.865	0.042	−0.149
	Objectivity	Standard_E	0.868	−0.209	−0.117
전/후 구분	Total Average	MJA_Control_Metrics	0.651	0.311	0.127
	Before and After	Classification	0.105	0.021	0.007

새로운 요인 그룹이 미치는 영향을 적용 전/후와 비교하기 위해 T−검정을 적용해보자. 다음에서 새로운 센서의 배치로 취득한 컴포넌트가 의미가 있는 패턴임을 알 수 있다. 실제 T−검정을 적용해 센서들의 분산의 동질성 분석한 결과, 이를 나타내는 F 값이 0.333이었고, 유의수준이 0.566로 0.05보다 크게 식별돼, 분산의 동질성을 가정한 상태를 선택했다. 그 결과 [표 8]과 같이 T 값은 −4.613으로, 유의수준이 0.000이므

로 0.05보다 작다. 따라서 이 모형에서는 새로운 요인 적용 전/후가 의미가 있는 것으로 나타나는 것이다.

표 8 첫 번째 배치 모델의 적용 전/후 비교

Classification		N	Mean	Std. Deviation	Std. Error
센서 배치	센서 추가 전	30	3.17	0.648	0.118
	센서 추가 후	30	3.93	0.640	0.117
t = −4.613 df = 58 p = 0.000					

두 번째 센서 데이터 수집 사례에서는 국내 1위 반도체 제조업체의 제조 공정에서 사용된 센서 데이터 사례를 적용했다. 첫 번째 센서 데이터 수집 사례와 다른 패턴을 선택해 첫 번째 모델의 요인에서 제외된 컴포넌트 그룹 'Objectivity'를 'Admissibility'로 교체해 운영했다. 교체된 컴포넌트 'Objectivity'에 배속된 센서들은 'Standard_B', 'Standard_C', 'Policy_C'다.

또한 'Role'이라는 센서들을 사용자 그룹을 구분해 추가 장착했다. 이는 실제 사용자 그룹의 역할에 따라 전체 센서들이 의미를 갖는지를 추가로 분석하기 위한 것이다.

표 9 두 번째 유즈케이스를 고려한 중계기와 세팅 지표 설계

단계	세팅 지표	중계기 유형	Responsible for Digital Forensic Team	Supportive for Detective	Accountable for Supervisor	Consulted & Informed for Detective
수집 결정 & 우선순위 할당	Position of participant	Accuracy	●			
	Specialty of participant	Accuracy	●			
미팅 준비	Original disk integrity	Admissibility	●			
	Image copy of the original disk	Accuracy	●			
	Forensic tools (HW, SW)	Accuracy	●			
아키텍처 지원 실험 개요	Access control through authentication and authorization	Accuracy	●	●		
	Multilateral joint analysis connectivity	Speed Admissibility Accuracy	●	●	●	●

단계	세팅 지표	증계기 유형	Responsible for Digital Forensic Team	Supportive for Detective	Accountable for Supervisor	Consulted & Informed for Detective
브리핑	Personal information about the accused, suspect, and witnesses	Admissibility	●		●	
	Case briefs and request for analysis	Admissibility	●	●	●	●
	Investigation summary before attendance	Accuracy	●	●	●	●
	Basic investigation history	Admissibility	●	●	●	●
	Conference call solution	Speed	●	●	●	●
새로운 업무 배치	Original disk integrity	Admissibility				
	Image copy of the original disk	Accuracy	●	●	●	●
	Remote monitoring for joint analysis	Speed Admissibility Accuracy	●	●	●	

단계	세팅 지표	중계기 유형	Responsible for Digital Forensic Team	Supportive for Detective	Accountable for Supervisor	Consulted & Informed for Detective
새로운 업무 배치	Digital forensic tools	Control	●	●	●	
	File image extract during analysis	Admissibility	●	●	●	●
	Transaction log of others	Accuracy	●	●	●	●
	Administrative control other than digital forensic tools	Accuracy	●	●		
	Extra data gathered	Accuracy	●			
리뷰 및 종료, 참조용 재분류	Check list for standard analysis	Accuracy	●	●	●	
	Executive summary for final joint analysis	Admissibility Accuracy	●	●	●	●

표 10 두 번째 측정 유형 배치

업무 단계	중계기명	센싱 식별자	측정 유형 설명
기존 업무 배치	Speed	Policy A	초기 모바일 제품 조사 여부, 콘퍼런스 콜 여부, 지식 수집 시간을 평균과 비교해 성취 등급 자동 조정
		Standard A	초기 사고 대응 여부, 콘퍼런스 콜 여부, 케이스별 처리 결과, 연구 실험 시간을 평균과 비교해 성취 등급 자동 조정
		Architecture A	콘퍼런스 콜 여부, 케이스별 처리 결과, 경험하지 않은 사건에 대한 분석 시간을 평균과 비교해 성취 등급 자동 조정
	Accuracy	Architecture B	참여자 전문 분야 여부, 원본 디스크 확보 유무, 로그 처리 여부, 정보를 종합해 본인 분석 정확도를 판단하고 성취 등급 자동 조정
		Architecture C	요구사항 수용도, 분석 중 이미지 카피 유무, 분석 요청 대한 브리핑, 기초 조사 이력 유무, 툴 사용 여부, 케이스별 처리 결과, 대상 정보 정확도에 따라 성취 등급 자동 조정
		Standard B	접근 통제, 표준 분석 절차 체크리스트 활용 여부, 행정적 관리 여부, 불만 발생 정도에 따라 성취 등급 자동 조정
	Admissibility	Standard C	참석자의 지위, 케이스별 처리 결과 기업 윤리 조항에 반하는 부도덕한 결과가 나타날 경우 평균과 비교해 성취 등급 자동 조정
		Standard D	참석자의 전문성, 특허 침해 등 이론적인 판단 오류 여부가 나타날 경우 평균과 비교해 성취 등급 자동 조정
		Policy B	COC(Chain of Custody)를 고려한 각 전문가 분석, 추가 데이터 수집 여부, 케이스별 처리 결과, 주관적인 입증이 불가피할 경우 평균과 비교해 성취 등급 자동 조정

업무 단계	중계기명	센싱 식별자	측정 유형 설명
새로운 업무 배치	Speed	Policy C	협업 모델/앱 사용 여부, 케이스별 처리 결과, 새로운 업무 배치 수행으로 신속성이 평균과 달라질 경우 성취 등급 자동 조정
	Accuracy	Architecture D	협업 모델/앱 사용 여부, 케이스별 처리 결과, 새로운 업무 배치 수행으로 정확도가 평균과 달라질 경우 성취 등급 자동 조정
	Admissibility	Standard E	협업 모델/앱 사용 여부, 케이스별 처리 결과, 새로운 업무 배치 수행으로 증거성이 평균과 달라질 경우 성취 등급 자동 조정

표 11 두 번째 배치로부터 측정한 결과 요약

센싱 식별자	평균값	표준편차	측정일 수
Role	1.850	0.798	80
Policy_A	3.775	0.993	80
Standard_A	3.800	0.960	80
Architecture_A	3.450	0.840	80
Architecture_B	3.850	0.887	80
Architecture_C	3.975	1.091	80
Standard_B	3.775	0.616	80
Standard_C	3.725	0.711	80
Standard_D	3.750	0.738	80
Policy_B	3.725	0.746	80
Policy_C	3.950	0.614	80
Architecture_D	3.997	0.530	80
Standard_E	3.950	0.624	80

마찬가지로 각 센서들의 영향도는 Cronbach's Alpha 값 측정 결과 '0.833'로 의미를 갖는 것으로 파악됐다.

표 12 두 번째 배치에 대한 신뢰도 분석

Cronbach's Alpha	Cronbach's Alpha Based on Standardized Values	Values
0.795	0.833	13

이에 근거해 요인 분석을 실시했으며, [표 13]과 같이 새로 추가된 'Admissibility' 요인과 'Speed'와 'Accuracy' 컴포넌트 요인들이 모두 의미를 갖는 것으로 분석된다.

표 13 두 번째 배치에 대한 요인 분석

원천 데이터	컴포넌트 가정	센서로부터 데이터 취득	실제 발견된 컴포넌트		
			1	2	3
기존 센서	Speed	Policy_A	0.087	0.879	0.099
		Standard_A	0.007	0.785	0.238
		Architecture_A	0.308	0.248	−0.747
	Accuracy	Architecture_B	0.379	0.44	0.398
		Architecture_C	0.49	−0.363	0.697
		Standard_B	0.63	−0.216	0.447
	Admissibility	Standard_C	0.808	0.136	0.013
		Standard_B	0.63	−0.216	0.447
		Policy_B	0.66	0.012	−0.445

원천 데이터	컴포넌트 가정	센서로부터 데이터 취득	실제 발견된 컴포넌트		
			1	2	3
추가 센서	Speed	Policy_C	0.712	−0.224	−0.124
	Accuracy	Architecture_D	0.871	−0.067	−0.128
	Admissibility	Standard_E	0.872	−0.125	−0.098

센서들로부터 수집된 데이터의 분산 동질성을 검사하기 위해 Levene의
모형을 이용해 검사한 결과, [표 14]와 같이 유의수준이 0.05보다 크게
나왔으므로 역할 구분이 의미가 있는 것으로 보인다.

표 14 추가된 센서들의 분산의 동질성 검사

Classification	Levene Statistic	df1	df2	Sig.
Speed	2.848	2	77	0.064
Accuracy	1.730	2	77	0.184
Admissibility	2.788	2	77	0.068

분산의 동질성 검사 유효한 것으로 분석됐으므로 [표 15]와 같이 역할별
어느 정도 의미가 있는지 ANOVA 분석을 시행했다. 유의 수준이 0.05
보다 작게 나왔는데, 이는 각 그룹 간 역할에서 제안한 요인들이 서로 의
미 있는 영향을 미치는 것을 발견한 사례다.

표 15 두 번째 배치와 분산 분석

Classification		Sum of Squares	df	Mean Square	F	Sig.
Impact of Speed	Between Group	5.041	2	2.520	11.530	0.000
	Within Group	16.831	77	0.219		
	Total	21.872	79			
Impact of Accuracy	Between Group	3.305	2	1.653	5.395	0.006
	Within Group	23.584	77	0.306		
	Total	26.889	79			
Impact of Admissibility	Between Group	5.165	2	2.582	7.955	0.001
	Within Group	24.994	77	0.325		
	Total	30.158	79			

실제 사후(DUNNET) 검증 결과, [표 16]과 같이 각 그룹 간 역할에서 요
인들 간에 미치는 영향도에 차이가 있다는 것을 알 수 있다.

표 16 두 번째 배치의 사후 검증 결과

Defendant Variable	(I) Forensics Role	(J) Forensics Role	Difference of Sum(I-J)	Std. Error	Sig.
Impact of Speed	1	3	−0.631*	0.133	0.000
	2	3	−0.475*	0.137	0.002
Impact of Accuracy	1	3	−0.486*	0.158	0.005
	2	3	−0.446*	0.162	0.014

Defendant Variable	(I) Forensics Role	(J) Forensics Role	Difference of Sum(I−J)	Std. Error	Sig.
Impact of Admissibility	1	3	−0.613*	0.162	0.001
	2	3	−0.549*	0.167	0.003

5.1.4 경로 분석과 구조 방정식

지금까지 도출된 요인 분석과 분산 분석 결과를 토대로 센서 수집 데이터로부터 특이점을 패턴화해 공식을 적용하는 것이 의미 있다는 것을 파악할 수 있다.

이제는 경로 분석Path Analysis을 시도해볼 수 있다. 전체 집단에 영향을 미치는 특정한 요인들 간의 연결 순서에서 의미를 찾아보는 것이다. 요인들 간의 연결 관계가 미치는 영향이 클수록 가중치가 높고, 의미가 있다고 볼 수 있다. 구조 방정식 분석Structural Equation Model이란, 경로 분석의 결과 의미를 갖는 경로를 일반화한 것으로, 여러 요인(차원)에 대한 인과관계를 표현할 수 있다. 기존의 선형 회귀 분석이나 복잡한 다변량 분석보다 예측 모형에서 풍부한 설명력을 갖는다.

5.2 알고리즘 발견 및 구현

5.2.1 연구 모형 및 지표 설계

이제 앞선 센서 배치 실험을 통해 의미 있는 연구 모형과 지표를 도출할 준비가 됐다. 두 번의 센서 배치와 패턴의 특이점으로부터, 민감한 업무

Mission Critical 환경에서 센서들 간의 배치와 활용을 위한 최적의 방법을 공식으로 도출하는 것이 의미가 있다는 것이다.

최종 실험 대상 연구 모형은 국내 국립 서울대학교 병원에서의 임상 실험을 사례로 한다. 센서를 이용한 빅데이터 기반의 데이터 수집, 처리로 이뤄지는 의료 시스템의 안전성을 보장하기 위한 연구 모형이다. 참고로 여기서 발견된 공식은 향후 의료 사고 예방 및 대응을 위한 AI 서비스의 핵심 엔진으로 활용할 수 있다.

이 센서 항목들을 관측 센서들을 지표로 관리하기 위해 개발한 모바일 앱Mobile App 을 활용했는데, 이 과정에서 각 센서들을 이 앱의 기능들을 통해 관리할 수 있도록 설정했다. 이 모바일 앱 항목들은 병원 내 의사, 간호사, 의료 시스템 등 역할을 구분해 배포한 후, 센서 수집 데이터들에 대한 특이점을 취합하고 분석하는 데 사용했다.

표 17 디지털 사고 대응을 위한 서비스 지표 설계

단계	세팅 지표	중계기 유형	의사	간호사	의료 스텝	의료 시스템
DP	DP1.Position of participant	Reliability	●			
	DP2.Specialty of participant	Accuracy	●			
MP	MP1.Original disk integrity	Reliability			●	●
	MP2.Image copy of the original disk	Reliability	●			●
	MP3.Forensic tools(HW, SW)	Accuracy			●	●

단계	세팅 지표	중계기 유형	의사	간호사	의료 스텝	의료 시스템
CA	CA1.Access control through authentication and authorization	Reliability	●	●	●	●
	CA2.Multi–lateral joint analysis connectivity	Reliability	●	●	●	●
BF	BF1.Personal information about the accused, suspect and witnesses	Reliability	●	●	●	
	BF2.Case briefs and request for analysis	Reliability	●	●	●	●
	BF3.Investigation summary before attendance	Accuracy	●	●	●	●
	BF4.Basic investigation history before attendance	Reliability	●	●	●	●
	BF5.Conference call solution	Safety	●	●	●	●
JA	JA1.Original disk integrity	Reliability				●
	JA2.Image copy of the original disk	Reliability	●		●	●
	JA3.The remote monitoring for joint analysis	Reliability	●	●	●	●
	JA4.Digital forensic tools	Safety			●	●

단계	세팅 지표	중계기 유형	의사	간호사	의료 스텝	의료 시스템
JA	JA5.File image extract during analysis	Reliability			●	●
	JA6.Transaction log of other participant	Reliability	●	●	●	●
	JA7.Administrative command other than digital forensic tools	Safety			●	●
	JA8.Extra data gathered	Safety			●	
RC	RC1.Check list for standard analysis	Safety	●	●	●	
	RC2.Executive summary for final joint analysis	Reliability	●	●	●	●

의료 사고 대응 단계에서 사용된 구분은 이 책의 작성 시점에서 SCI 급 논문지에 게재된 최신 절차를 참조한 것이다. 사용한 전체 용어 와 약자는 다음과 같다. 'Decision—making about a meeting and Priority assignment[DP], Meeting Preparation[MP], Case outline for Architecture support[CA], Briefing[BF], Joint Analysis[JA], Review for finalization and Categorization for future reference[RC].'

표 18 서비스를 위한 측정 유형 배치

업무 단계	중계기명	센싱 식별자	측정 유형 설명
기존 업무 배치	Safety	Policy A	안전 환경 및 관리지침 활용 여부, 적시 의료 사고 대응 실적 여부, 관리행정 실적 여부, 콘퍼런스 콜 여부 등을 평균과 비교해 성취 등급 자동 조정
		Standard A	안전 준수 실적 여부, 안전 규정/절차 준수 실적 여부, 사고 대응을 위한 위험 식별 및 평가 여부, 콘퍼런스 콜 여부 등을 평균과 비교해 성취 등급 자동 조정
		Architecture A	안전 교육/전파 실적 여부, 안전 측정 비용 효율 실적 여부, 콘퍼런스 콜 여부, 미경험 영역 분석 여부 등을 평균과 비교해 성취 등급 자동 조정
	Accuracy	Architecture B	의료 사고 대응을 위한 정확성 추적 여부 등을 평균과 비교해 성취 등급 자동 조정
		Architecture C	의료 사고에 대한 책임성 추적 요구 발생 여부 등을 평균과 비교해 성취 등급 자동 조정
		Standard B	의료 사고 정확성 불만 발생 여부 등을 평균과 비교해 성취 등급 자동 조정
	Reliability	Standard C	기업 윤리 강령 위배 여부, 부도덕한 이득 취득 여부 등을 평균과 비교해 성취 등급 자동 조정
		Standard D	증거 수집 절차에서 이론적 또는 법적 판단 오류 등을 평균과 비교해 성취 등급 자동 조정
		Policy B	특정 기간, 상황에서 성능 우선순위 조정 목적 주관적 판단 발생 여부 등을 평균과 비교해 성취 등급 자동 조정

업무 단계	중계기명	센싱 식별자	측정 유형 설명
새로운 업무 배치	Safety	Policy C	앱상에서 합동 분석을 위한 안전하고 건강한 환경 제공 여부 등을 평균과 비교해 성취 등급 자동 조정
		Standard F	BF5. 단계 앱상에서 콘퍼런스 콜 여부 등을 평균과 비교해 성취 등급 자동 조정
		Standard G	JA4. 단계 앱상에서 디지털 포렌식 툴 사용 연계 여부 등을 평균과 비교해 성취 등급 자동 조정
		Architecture E	JA7. 단계 디지털 포렌식 툴 외 앱상에서 행정 관리 여부 등을 평균과 비교해 성취 등급 자동 조정
		Architecture F	JA8. 단계 앱상에서 추가 데이터 확보 여부 등을 평균과 비교해 성취 등급 자동 조정
		Standard H	RC1. 단계 표준 분석을 위한 앱상의 체크리스트 사용 여부 등을 평균과 비교해 성취 등급 자동 조정
	Accuracy	Architecture D	합동 분석 시스템 내 정확성 개선을 위한 사용 실적 여부 등을 평균과 비교해 성취 등급 자동 조정
		Policy D	DP2. 단계 사용자 전문성 여부 등을 평균과 비교해 성취 등급 자동 조정
		Standard I	MP3. 단계 포렌식 툴(HW, SW) 사용 여부 등을 평균과 비교해 성취 등급 자동 조정
		Policy E	BF3. 단계 합동 분석 참석 전 조사 개요 활용 여부 등을 평균과 비교해 성취 등급 자동 조정

업무 단계	중계기명	센싱 식별자	측정 유형 설명
새로운 업무 배치	Reliability	Standard E	앱의 합동 분석 모델 중 신뢰성과 관련된 기능 활용 여부 등을 평균과 비교해 성취 등급 자동 조정
		Policy F	DP1. 단계 사용자 직위에 대한 환산 등급 등을 평균과 비교해 성취 등급 자동 조정
		Architecture G	MP1. 단계 원본 디스크 무결성 점검 여부 등을 평균과 비교해 성취 등급 자동 조정
		Architecture H	MP2. 단계 원본 디스크 이미지 복사 여부 등을 평균과 비교해 성취 등급 자동 조정
		Architecture I	CA1. 단계 인증 및 권한 부여를 통한 접근 통제 사용 여부 등을 평균과 비교해 성취 등급 자동 조정
		Architecture J	CA2. 단계 합동 분석을 위한 접속 여부 등을 평균과 비교해 성취 등급 자동 조정
		Architecture K	BF1. 참여자들에 대한 개인 정보 공유 여부 등을 평균과 비교해 성취 등급 자동 조정
		Policy G	BF2. 단계 사건 요약 및 분석 요청 발생 여부 등을 평균과 비교해 성취 등급 자동 조정
		Architecture L	BF4. 단계 합동 분석 착수 전 기존 조사 이력, 조사 여부 등을 평균과 비교해 성취 등급 자동 조정
		Architecture M	JA1. 단계 원본 디스크 무결성 체크 여부 등을 평균과 비교해 성취 등급 자동 조정

업무 단계	중계기명	센싱 식별자	측정 유형 설명
새로운 업무 배치	Reliability	Architecture N	JA2. 단계 원본 디스크 이미지 복사 여부 등을 평균과 비교해 성취 등급 자동 조정
		Architecture O	JA3. 단계 합동 분석을 위한 원격 모니터링 기능 활용 여부 등을 평균과 비교해 성취 등급 자동 조정
		Architecture P	JA5. 단계 합동 분석 중, 파일 이미지 추출 여부 등을 평균과 비교해 성취 등급 자동 조정
		Architecture Q	JA6. 단계 다른 합동 분석 참석자의 업무 처리 로그 활용 여부 등을 평균과 비교해 성취 등급 자동 조정
		Policy H	RC2. 단계 합동 분석 종료 후, 실행 요약서 작성 여부 등을 평균과 비교해 성취 등급 자동 조정

Login

그림 12

그림 13

그림 11 센서를 매핑한 모바일 의료 앱 개발

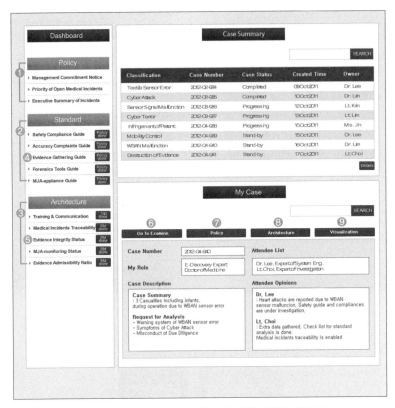

그림 12 모바일 앱에서 각 센서 배치의 특이점을 연결한 대시보드

❶ 의료 앱 사용자의 의무와 의료 사고에 대한 'Policy' 처리 우선순위를 제시한다. 최소 처리 시간과 최소한의 처리 수준을 보장하기 위한 특이점을 갖는다.

❷ 'Admissibility'를 보장하기 위해 필요한 표준 가이드라인과 절차를 연결한다.

❸ 의료 사고 대응 AI 서비스를 위해 필요한 'Architecture' 측면의 지표를 표현한다. 이 지표들은 실제 수행되는 절차별 관측 센서들에 의해 자동으로 수집되고 분석된다.

④ 이곳의 버튼을 누르면 각각의 'Standard' 지표에 적용된 최신 'Policy'를 살펴볼 수 있다.

⑤ 이곳을 클릭하면 각각의 'Architecture' 지표에 적용된 최신 'Standard'를 추적할 수 있다.

⑥ 이곳을 클릭하면 이 AI 서비스에 참여하고 있는 참여자와 그들의 로그인 활동 상태를 알 수 있다. [그림 5]와 같은 상세 대시보드가 별도로 열린다.

⑦ 이곳을 클릭하면 이 사건 케이스에 적용되는 'Policy' 지표와 여기에 할당된 센서들의 상태를 개별적으로 볼 수 있다.

⑧ 이곳을 클릭하면 이 사건 케이스에 적용되는 'Standard' 지표와 여기에 할당된 센서들의 상태를 개별적으로 확인할 수 있다.

⑨ 이곳을 클릭하면 이 사건 케이스에 적용되는 'Architecture' 지표와 여기에 할당된 센서들의 상태를 개별적으로 점검할 수 있다.

[그림 12]에는 다양한 센서 배치의 특이점들로부터 수집되는 신뢰성을 높이기 위해 PKI^Public Key Infrastructure 구조를 활용한 개인 서명^Private Signature 기능을 반영했다. 이를 토대로 [그림 13]에서 로그인 상태를 확인하도록 했다.

그림 13 모바일 앱 대시보드 리포팅 페이지

이 센서들로부터 수집된 항목을 요약한 결과는 [표 19]와 같다. 총 38개의 센서 특이점이 있는 패턴을 고려해 배치를 진행했다.

표 19 최종 배치로부터 측정한 결과 요약

센서 식별자	평균	표준편차
Policy A	2.02	0.878
Policy B	3.22	0.913
Policy C	3.93	1.209
Policy D	3.84	1.009

센서 식별자	평균	표준편차
Policy E	4.55	0.584
Policy F	4.44	0.796
Policy G	3.11	1.266
Policy H	4.42	0.882
Standard A	2.15	0.859
Standard B	1.83	0.752
Standard C	3.62	1.125
Standard D	3.67	1.182
Standard E	4.24	0.928
Standard F	3.58	1.104
Standard G	3.57	0.953
Standard H	3.96	0.888
Standard I	4.72	0.544
Rank	2.85	1.132
Role	2.64	1.073
Architecture A	2.13	1.101
Architecture B	2.13	0.768
Architecture C	2.66	0.901
Architecture D	4.34	0.901
Architecture E	3.61	0.665
Architecture F	3.26	0.945
Architecture G	4.24	0.753
Architecture H	3.74	1.02
Architecture I	3.8	0.876
Architecture J	3.8	0.764

센서 식별자	평균	표준편차
Architecture K	3.48	1.038
Architecture L	4.52	0.57
Architecture M	3.85	0.969
Architecture N	3.54	1.123
Architecture O	3.48	0.955
Architecture P	3.61	1.05
Architecture Q	4.64	0.7
Medical Incident	1.61	0.49
U-Healthcare	1.55	0.499

앞서 분석한 사례에서와 같이, 각 센서 배치의 신뢰도를 판단하기 위해서 Cronbach's Alpha 값을 분석한 결과, '0.668'이 나왔는데, 이는 수용할 만한 수치다.

표 20 최종 배치로부터 측정한 결과 요약

Cronbach's Alpha	Cronbach's Alpha Based on Standardized Items	Items
0.668	0.661	38

다음으로 요인 분석을 해보면, 주요 컴포넌트들로 기존 센서들의 배치로부터 'Reliability'가 식별됐고, 추가한 센서들로부터는 'Safety'와 'Reliability'가 증명됐다. 상대적으로 'Accuracy'를 위해 추가한 센서들은 'Reliability'를 위해 배치한 센서들이 대체해 충족시킬 수 있는 것으로 보인다.

표 21 최종 모델에 대한 요인 분석 결과

원천 데이터	컴포넌트 가정	센서로부터 데이터 취득	실제 발견된 컴포넌트		
			1	2	3
Existing Analysis System	Safety	Policy_A	0	0.023	0.093
		Standard_A	0.013	0.217	0.17
		Architecture_A	0.054	−0.151	0.164
	Accuracy	Architecture_B	0.083	−0.036	−0.058
		Architecture_C	−0.018	0.127	0.114
		Standard_B	0.017	0.056	0.114
	Reliability	Standard_C	−0.022	0.083	0.048
		Standard_D	0.783	0.1	−0.146
		Policy_B	0.794	0.161	−0.217
MJA for Medical Service	Safety	Policy_C	0.799	−0.094	0.012
		Standard F	−0.109	0.024	0.106
		Standard G	−0.016	−0.021	0.885
		Architecture E	−0.096	0.735	0.189
		Architecture F	0.042	0.677	0.116
		Standard H	0.088	0.778	−0.058
	Accuracy	Architecture_D	0.668	0.006	0.061
		Policy D	0.155	0.201	0.11
		Standard I	0.024	0.173	0.041
		Policy E	0.077	−0.06	−0.095

원천 데이터	컴포넌트 가정	센서로부터 데이터 취득	실제 발견된 컴포넌트		
			1	2	3
MJA for Medical Service	Reliability	Standard_E	0.657	−0.042	0.297
		Policy F	0.081	−0.008	−0.076
		Architecture G	−0.087	−0.011	−0.034
		Architecture H	0.027	−0.089	0.014
		Architecture I	0.045	0.221	−0.069
		Architecture J	0.066	0.03	0.044
		Architecture K	−0.08	−0.066	0.218
		Policy G	−0.039	−0.084	−0.02
		Architecture L	0.06	−0.059	−0.056
		Architecture M	0.052	−0.062	0.039
		Architecture N	0.056	0.082	0.296
		Architecture O	0.009	−0.005	0.686
		Architecture P	−0.1	0.255	0.726
		Architecture Q	−0.03	0.16	0.261
		Policy H	0.096	0.661	−0.005

기존 배치된 센서들과 추가 배치된 센서들 간의 비교 결과 F 값이 분산의 동질성을 가정할 수 있고, 유의수준의 값이 0.000으로 0.05보다 작아서 추가 배치된 센서들이 특이점이 있다는 것을 알 수 있다.

[표 21]이 복잡하다면, 다음과 같이 추가적 결과를 정리할 수 있다. [그림 14]는 새롭게 발견된 컴포넌트 그룹 내 각 센서들이 미치는 영향을 3차원으로 도식한 분해도다. [그림 15]는 발견한 컴포넌트 요인들이 전체에 미치는 영향을 분석한 도표다.

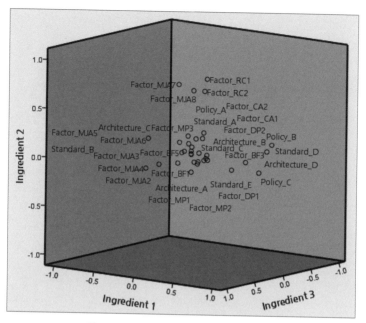

그림 14 조정 공간(Tuning Space)에서 컴포넌트 배치

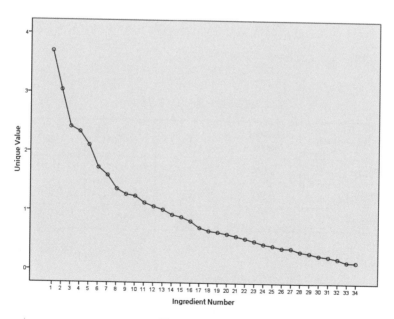

그림 15 요인 분석의 표현

이제는 다음과 같이 센서들 간의 상관관계를 분석해 다음 그림과 같이 경로를 탐색할 수 있다.

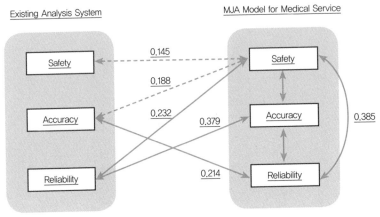

그림 16 최종 모형의 상관분석을 통한 경로 추정

Levene의 모형을 이용해 분산의 동질성을 분석한 결과, 유의수준 값이 0.05보다 크게 나왔으므로 센서 간 역할 구분이 의미가 있다는 것을 알 수 있다.

표 22 최종 모델에 대한 분산의 동질성 검사

Classification	Levene Statistics	df1	df2	Sig.
Safety	1.654	3	106	0.181
Accuracy	0.522	3	106	0.668
Reliability	1.965	3	106	0.124

[표 23]에서 분산 분석(ANOVA) 결과 유의수준 값이 0.05보다 작게 나왔다. 이는 센서를 사용하는 역할 간에 각 컴포넌트 그룹들이 특이점을 보이는 것을 나타낸다.

표 23 최종 배치와 분산 분석

Classification		Sum of Squares	df	Mean Square	F	Sig.
Impact of Safety	Between Groups	2.183	3	0.728	5.696	0.001
	Within Groups	13.542	106	0.128		
	Total	15.725	109			
Impact of Accuracy	Between Groups	1.683	3	0.561	5.123	0.002
	Within Groups	11.605	106	0.109		
	Total	13.288	109			
Impact of Reliability	Between Groups	2.95	3	0.983	11.556	0
	Within Groups	9.02	106	0.085		
	Total	11.97	109			

사후 분석 결과 역시 센서들의 배치가 역할 간 의미가 있다는 것을 알수 있다. Group1은 의사, Group2는 간호사, Group3는 의료 스텝, Group4는 의료 시스템이다.

표 24 최종 배치의 사후 검증 결과

Defendant Variables	(I) MJA Role	(J) MJA Role	Difference of Sum(I−J)	Std. Error	Sig.
Impact of Safety	1	4	−0.3740740600*	0.10318	0.001
	2	4	−0.3037037033*	0.092287	0.004
	3	4	−0.15556	0.092287	0.229
Impact of Accuracy	1	4	−0.3523809483*	0.095517	0.001
	2	4	−0.2301587800*	0.085433	0.023
	3	4	−0.2190476400*	0.085433	0.032
Impact of Admissibility	1	4	−0.4537036517*	0.08421	0
	2	4	−0.3393245867*	0.07532	0
	3	4	−0.2648148033*	0.07532	0.002

5.2.2 알고리즘 발견 및 요약

앞서 [그림 16]에서 추정한 지표 간 상관도와 경로를 토대로 다음 [그림 17]과 같이 구조 방정식 모형을 설계해볼 수 있다.

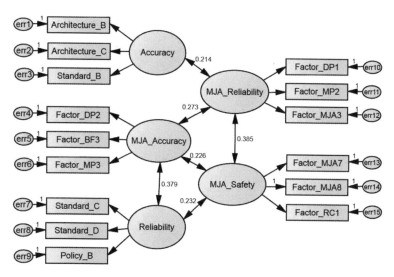

그림 17 최종 모형의 구조 방정식

위와 같이 추정한 모형은 다음과 같이 요약할 수 있다.

만약 ξ_1 = Accuracy, err = $\delta_1 \sim \delta_3$라면,

- x_1=Architecture_B, $x_1=\lambda_{11}\xi_1 +\delta_1$

- x_2=Architecture_C, $x_2=\lambda_{21}\xi_1 +\delta_2$

- x_3=Standard_B, $x_3=\lambda_{31}\xi_1 +\delta_3$

그리고 ξ_2 = MJA_Accuracy, err =$\delta_4 \sim \delta_6$라면,

- x_4=Factor_DP2, $x_4=\lambda_{42}\xi_2 +\delta_4$

- x_5=Factor_BF3, $x_5=\lambda_{52}\xi_2 +\delta_5$

- x_6=Factor_MP3, $x_6=\lambda_{62}\xi_2 +\delta_6$

그리고 ξ_3 = Reliability, err =δ_7 ~δ_9라면,

- x_7=Standard_C, x_7=$\lambda_{73}\xi_3$ +δ_7
- x_8=Standard_D, x_8=$\lambda_{83}\xi_3$ +δ_8
- x_9=Policy_B, x_9=$\lambda_{93}\xi_3$ +δ_9

그리고 η_1 = MJA_Reliability, err =ε_1 ~ε_3라면,

- y_1=Factor_DP1, y_1=$\lambda_{11}\eta_1$ +ε_1
- y_2=Factor_MP2, y_2=$\lambda_{21}\eta_1$ +ε_2
- y_3=Factor_MJA3, y_3=$\lambda_3 1\eta_1$ +ε_3

그리고 η_2= MJA_Safety, err =$\varepsilon4$ ~ε_6라면,

- y_4=Factor_MJA7, y_4=$\lambda_{42}\eta_2$ +ε_4
- y_5=Factor_MJA8, y_5=$\lambda_{52}\eta_2$ +ε_5
- $y6$=Factor_RC1 y_6=$\lambda_{62}\eta_2$ +ε_6

5.2.3 알고리즘 증명 및 적합화

기존에 정의된 구조 방정식의 특성을 이용해 최종 연구 모형을 증명할 수 있다. 센서들의 배치와 특이점 패턴을 적용한 구조 방정식에 센서 데이터들을 수집해 로딩하면서 관측 변수들과 내부 변수들 간의 경로와 인과관계를 최적화할 수 있다.

[그림 17]에서 직사각형에 있는 값들은 관측 변수이며, 타원형으로 표현된 변수들과 이들 간의 관계의 적합도를 높이기 위한 지표를 개선하는

것이 필요하다.

예를 들어, 모형의 적합도를 높이기 위한 지표 값 중에서 대표적으로 카이자승Chi-square 값을 들어보자. 이 값은 낮을수록 좋은데, 경로나 모수를 추가할 때마다 감소하기 때문에 경로나 모수를 추가하며 조정할 수 있다.

모수나 경로를 추가한다는 것은 모형 내에서 어떠한 관계도 설정돼 있지 않은 두 변수를 공분산 관계나 인과관계로 설정한다는 것을 의미한다. 인과관계 설정의 구체적인 방법으로는 오차상관이 있다. 수정 지수가 큰 측정 오차 한 쌍을 공분산으로 연결시킬 수 있다. 두 번째의 카이자승 값을 감소시키는 다른 방법으로는 불필요한 관측 변수의 제거 방법으로, 이는 수정 지수가 큰 측정 오차를 선정해 그 측정 오차와 관측 변수를 제거시키는 것을 말한다.

결과적으로 [그림 17]은 여러 번의 반복Iteration을 통해 최적화된 지표를 보이는 상태다. 카이자승 값이 96.244, DFDegrees of freedom 값이 86, 그리고 확률 수준이 0.211으로 나타난다. 또한 절대 적합 지표Absolute Fit Indices, 카이자승 값이 DF 값의 2배보다 낮고, 확률 값이 0.05보다 높게 나왔다. RMSEA 값은 0.033, RMS 값은 0.068로 나왔으며, GFI 0.903이었다. CFI가 0.929이고, TLI는 0.913이었다. 여기서 기존 구조 방정식의 각 지표들이 어떻게 나오는지를 증명할 필요는 없다. 단지, 이 모든 결과 지표들을 통계학자들의 선행 연구에 따라 해석해보면, 발견한 이 공식이 의미를 지닌다는 사실이다.

또한 추가 검증을 위해 연구 모형에 대한 회귀분석을 실행해보면, [표 25]와 같이 분석할 수 있다. 아래의 박스로 표기된 부분이 의미 있는 인과관계를 나타낸다.

표 25 최종 모델에 대한 회귀분석 결과 수치

Dependency	Estimate	S.E.	C.R.	P
Architecture_B ← Accuracy	0.022	0.395	0.055	0.956
Architecture_C ← Accuracy	0.481	0.679	0.708	0.479
Standard_B ← Accuracy	0.008	0.154	0.054	0.957
Factor_DP2 ← MJA_Accuracy	1.302	0.346	3.767	***
Factor_BF3 ← MJA_Accuracy	0.202	0.184	1.101	0.271
Factor_MP3 ← MJA_Accuracy	0.632	0.185	3.414	***
Standard_C ← Reliability	−0.002	0.013	−0.119	0.905
Standard_D ← Reliability	0.117	0.168	0.694	0.488
Policy_B ← Reliability	0.329	0.140	2.346	0.019
Factor_MP2 ←MJA_Reliability	0.587	0.181	3.241	0.001
Factor_DP1 ← MJA_Reliability	0.022	0.134	0.162	0.872
Factor_MJA3 ← MJA_Reliability	−0.007	0.045	−0.151	0.880
Factor_MJA7 ← MJA_Safety	0.489	0.091	5.368	***
Factor_MJA8 ← MJA_Safety	1.000			
Factor_RC1 ← MJA_Safety	0.563	0.115	4.916	***

마지막으로 검증 결과를 요약하면 다음과 같이 최종 공식을 제시할 수 있다.

만약 $\gamma_{11} = 0.214$, $\gamma_{12} = 0.273$, $\beta_{11} = 0.385$라면,

$$\eta_1 = \gamma_{11}\xi_1 + \gamma_{21}\xi_2 + \beta_{11}\eta_2$$

그리고 $\gamma_{22} = 0.226$, $\gamma_{23} = 0.232$, $\beta_{21} = 0.385$라면,

$$\eta_2 = \gamma_{22}\xi_2 + \gamma_{23}\xi_3 + \beta_{21}\eta_1$$

그리고 $\gamma_{12} = 0.273$, $\gamma_{22} = 0.226$, $\gamma_{32} = 0.379$라면,

$$\xi_2 = \gamma_{12}\eta_1 + \gamma_{22}\eta_2 + \gamma_{32}\xi_3$$

이제, 공식이 준비됐다. 이 공식과 매핑된 센서를 통해 데이터를 수집하고 강화 학습 기반으로 처리하면, 실시간으로 센서 배치의 특이점을 파악하고 영향도와 의미를 관리할 수 있는 기초 인공지능 공식을 소유하게 된다.

이 공식은 딥러닝 방식을 이용해 데이터에 최적화해 예측할 수 있도록 학습시킨 후, 다자간 학습 모형의 초기 인공지능 엔진으로 사용하고 있다. 매번 데이터세트를 비즈니스 도메인Business Domain별로 바꿔가며, 클라우드 애플리케이션으로 전환 시 이에 맞는 새로운 비즈니스 컴포넌트를 발견하는 컨설팅에서도 참조하고 있다.

필자가 파이썬에서 텐서플로 라이브러리를 사용해 DNNDeep Neural Network 초기 모델을 활용했지만, 과적합 방식의 문제가 있었기 때문에 다자간 학습 방식에서 적합한 성능을 보이는 새로운 DNN 모델에 대한 연구는 별도 진행 중이다.

최소한의 특이점이나 공식의 전제 없이 공개된 무작위 데이터에서 딥러닝 도구를 실습하는 수준으로는 데이터 과학이라고 할 수 없다.

실무편의 목적이 기존의 도구와 기존 알고리즘을 이용한 상세한 분석을 다루는 것은 아니다. 각자 데이터 세계를 탐험하는 역할은 여러분들의 몫이기 때문이다.

하지만 다음 장에서는 분석을 시작하는 독자의 이해를 돕기 위해 필자가 설명한 시나리오와 가장 유사한 것을 www.kaggle.com에서 선별해 간략히 공식을 변수로 정의하고, 딥러닝을 적용해보는 짧은 예제를 추가했다.

이를 학습한 후에 지금까지 필자가 설명한 콘텐츠 룰과 도출한 공식에 도전장을 내고 그대로 구현해볼 수도 있겠지만, 이 책에서 그 과정을 포함하지는 않았다.

남이 만든 공식은 본인에게 도움이 되지 않으며, 상업적으로 활용할 경우 저작권에 위배될 수도 있기 때문이다. 그러나 간단히 테스트할 겸 유사하게 따라해 보는 것은 독자가 기본기를 다지는 시작 단계에서 어느 정도 도움이 될 수 있다.

6

인공지능 생성 과정 실습

6.1 개발 환경 설치 및 준비

6.1.1 개발 언어 설치

기능을 개발하기 위한 개발 언어가 객체지향 설계를 반영할 수 있다면, 무엇을 사용하더라도 무관하다. 통상 클라우드 애플리케이션의 개발 특성을 살릴 수 있도록 스프링 부트Spring Boot라는 프레임워크Framework와 자바Java를 많이 사용한다.

하지만 여기서는 기능 개발보다 변수를 정의하고 데이터를 학습시켜서 공식을 최적화하는 것이 목적이기 때문에 이런 목적에 잘 맞도록 구성된 파이썬이라는 개발 언어를 사용하려고 한다. 구글이 배포한 텐서플로라는 것도 파이썬에서 함수로 불러와 사용하도록 최적화돼 있다.

의미 있는 분석을 목적으로 딥러닝을 실행시키기 위해서는 업무의 양을 설계하고, 고성능 CPU/GPU 및 메모리, 스토리지 등 클라우드 환경 구성을 준비해야 한다. 하지만 모든 독자들이 구축할 수 있는 환경이 아니기 때문에 다음에 다룰 딥러닝 실행 환경은 독자들이 쉽게 따라 해 볼 수 있도록 출간 시점을 기준으로 가정에서 가장 많이 쓰이는 윈도우 64비트를 사용했다. 텐서플로를 설치하는 데에는 여러 가지 방법이 있지만, 파이썬 개발 환경으로 가장 간단하고 많이 쓰이는 아나콘다를 이용해 설치하는 방법을 선택했다.

윈도우에서 텐서플로는 파이썬은 3.5 이상에서만 동작한다고 알려졌으므로 현재 시점에서 가장 안정적인 3.5.3을 기준으로 설치한다. 이후 업그레이드 버전에서는 파이썬과 텐서플로 버전 안내를 확인한 후 설치하기 바란다.

https://www.python.org/downloads/release/python-353/로 접속해 이미 설치 파일로 준비된 Windows x86-64 executable installer 항목을 선택해 다운로드한다. 기본 설정대로 설치하면 된다.

파이썬을 설치한 후에는 파이썬 개발 환경에 최적화된 아나콘다를 추가 설치한다. https://www.continuum.io/downloads 파이썬 3.5 버전 이상을 지원하기만 하면 된다. 참고로, 모든 다운로드 파일의 설치 시에는 '관리자 권한으로 실행'을 선택해야 한다.

6.1.2 라이브러리 준비

이제 아나콘다에서 텐서플로를 설치해서 개발 환경을 구성해보자. 먼저 아나콘다에서 관리자 권한으로 프롬프트를 실행한다.

그림 18 텐서플로 설치를 위한 아나콘다 실행

프롬프트에서 다음과 같은 순서로 pip를 업그레이드하고, Conda 환경을 먼저 만들어야 한다.

```
> python -m pip install --upgrade pip
> conda create --no-shortcuts -n python python=3.5 anaconda
```

```
(C:\Users\07461\AppData\Local\Continuum\Anaconda3) C:\Users\07461>conda create -
-no-shortcuts -n python python=3.5 anaconda
Fetching package metadata .........
Solving package specifications: .

Package plan for installation in environment C:\Users\07461\AppData\Local\Contin
uum\Anaconda3\envs\python:

The following NEW packages will be INSTALLED:

    _license:            1.1-py35_1
    alabaster:           0.7.10-py35_0
    anaconda:            4.4.0-np112py35_0
    anaconda-client:     1.6.3-py35_0
    anaconda-navigator:  1.6.2-py35_0
    anaconda-project:    0.6.0-py35_0
    asn1crypto:          0.22.0-py35_0
    astroid:             1.4.9-py35_0
    astropy:             1.3.2-np112py35_0
    babel:               2.4.0-py35_0
    backports:           1.0-py35_0
    beautifulsoup4:      4.6.0-py35_0
    bitarray:            0.8.1-py35_1
    blaze:               0.10.1-py35_0
    bleach:              1.5.0-py35_0
    bokeh:               0.12.5-py35_0
    boto:                2.46.1-py35_0
    bottleneck:          1.2.1-np112py35_0
    bzip2:               1.0.6-vc14_3          [vc14]
    cffi:                1.10.0-py35_0
    chardet:             3.0.3-py35_0
    click:               6.7-py35_0
    cloudpickle:         0.2.2-py35_0
    clyent:              1.2.2-py35_0
    colorama:            0.3.9-py35_0
    comtypes:            1.1.2-py35_0
    console_shortcut:    0.1.1-py35_1
    contextlib2:         0.5.5-py35_0
    cryptography:        1.8.1-py35_0
    curl:                7.52.1-vc14_0         [vc14]
    cycler:              0.10.0-py35_0
    cython:              0.25.2-py35_0
    cytoolz:             0.8.2-py35_0
    dask:                0.14.3-py35_1
    datashape:           0.5.4-py35_0
    decorator:           4.0.11-py35_0
    sortedcontainers:    1.5.7-py35_0
    sphinx:              1.5.6-py35_0
    spyder:              3.1.4-py35_0
    sqlalchemy:          1.1.9-py35_0
    statsmodels:         0.8.0-np112py35_0
    sympy:               1.0-py35_0
    tblib:               1.3.2-py35_0
    testpath:            0.3-py35_0
    tk:                  8.5.18-vc14_0         [vc14]
    toolz:               0.8.2-py35_0
    tornado:             4.5.1-py35_0
    traitlets:           4.3.2-py35_0
    unicodecsv:          0.14.1-py35_0
    vs2015_runtime:      14.0.25123-0
    wcwidth:             0.1.7-py35_0
    werkzeug:            0.12.2-py35_0
    wheel:               0.29.0-py35_0
    widgetsnbextension:  2.0.0-py35_0
    win_unicode_console: 0.5-py35_0
    wrapt:               1.10.10-py35_0
    xlrd:                1.0.0-py35_0
    xlsxwriter:          0.9.6-py35_0
    xlwings:             0.10.4-py35_0
    xlwt:                1.2.0-py35_0
    zict:                0.1.2-py35_0
    zlib:                1.2.8-vc14_3          [vc14]

Proceed ([y]/n)? y
#
# To activate this environment, use:
# > activate python
#
# To deactivate this environment, use:
# > deactivate python
#
# * for power-users using bash, you must source
#

(C:\Users\07461\AppData\Local\Continuum\Anaconda3) C:\Users\07461>
```

그림 19 아나콘다로 파이썬 개발 환경 구축

140

이후 텐서플로를 설치할 수 있다. 환경 생성이 완료되면 activate 명령으로 방금 만든 만들어진 개발 환경으로 진입한다.

> activate python

이렇게 하면 프롬프트가 'python'으로 바뀌는 것을 알 수 있다.

(python) > pip install tensorflow

이렇게 입력하면, 텐서플로 설치가 시작된다.

그림 20 아나콘다에서 텐서플로 설치

설치가 종료된 후에는 IPython 셸을 실행해 다음과 같이 텐서플로 모듈을 임포트해본다. 아무런 메시지가 나타나지 않으면 텐서플로가 정상적으로 읽혀지는 것이며, 설치에 성공한 것이다.

(python) > ipython

```
In [1]: import tensorflow as tf
In [2]: exit
```

IPython 셸은 exit를 입력하면 빠져나올 수 있다. 데이터 분석을 위해 IPython 셸 그대로 써도 좋고, 또는 Pycham과 같은 통합 개발 환경을 사용할 수도 있다.

텐서플로 외에 추가 확장 버전인 tflearn 패키지도 추가로 설치해준다.

(python) > pip install tflearn

그림 21 아나콘다에 추가 패키지(tflearn) 설치

이번에는 코드를 실행시킬 환경을 구성해보자. 여기서는 코드와 실행 결과를 함께 관리할 수 있는 주피터 노트북을 사용한다. 주피터 노트북은 로컬 컴퓨터에서 실행되는 웹 서버 프로그램과 비슷하다. 브라우저로 코드를 실행하면 IPython 커널에게 실행을 명령하고, 그 결과를 브라우저로 전달해 보여준다. 주피터 노트북을 실행하려면 아나콘다 프롬프트 python 환경에서 주피터 노트북 명령을 입력하면 된다.

(python) > jupyter notebook

주피터 노트북을 실행하면, 기본 브라우저를 이용해 주피터 노트북 서버에 접속한다. 로컬 컴퓨터의 주피터 노트북 서버 주소는 http://localhost:8888/이다. 주피터 노트북을 실행한 현재 폴더를 기본 홈 페이지로 설정한다.

그림 22 주피터 노트북에서 실행 환경 준비

[그림 22]와 같이 **New**를 누르고, 이 폴더 하위에 파이썬(Phtyon3) 주피터 노트북을 만들고 실행하면 [그림 23]과 같이 개발 코드를 입력할 수 있는 편집기가 열린다.

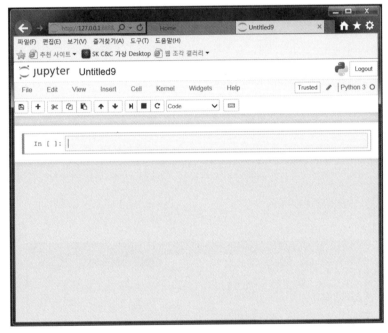
그림 23 주피터 노트북에서 에디터 구축

6.2 시나리오와 데이터 준비

6.2.1 시나리오 작성

시나리오는 www.kaggle.com에 접속해 현재 필자가 전개한 내용과 유사한 비콘을 활용해 위치를 측정하는 내용과 데이터를 채택해 활용했다.

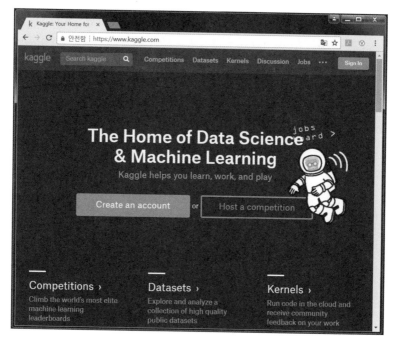

그림 24 캐글에 접속해 시나리오와 데이터 준비

6.2.2 데이터 준비

선택한 예제 제목은 'Indoor Positioning : Dataset of bluetooth beacons readings indoor'이며, 캐글^{Kaggle}의 Data Competition 과제 중 하나다. 필자가 가상 상황실을 세팅하고 격벽으로 구분하던 방식과 비슷하다. 다만 업무 절차나 각종 지표를 측정하는 부분 없이, 비콘의 위치 정확도만을 측정하고 있다. 비콘은 BLE(Bluetooth) 4.0 기술이 나오면서 채택된 위치, 방향을 식별하기 위한 표지다. 실제 BLE 4.0부터는 하나의 장치로부터 신호를 동시에 주고, 받는 것이 가능해졌는데, 이 비콘은 BLE 4.0에서 보내는 신호만을 켜 놓은 것이라 볼 수 있다. 이를 스마트폰의 BLE 장치에서 인지해 비콘과 스마트폰과의 거리를 측정하는 방식이다. 3개의 비콘이 사용됐는데, 이는 실내 위치를 측정하기 위한 삼각 측량의 방식이다.

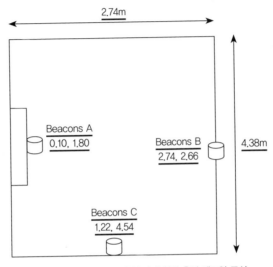

그림 25 블루투스를 이용한 실내 위치 측정 세트업 구성

비콘은 2.74m × 4.38m 길이(폭 × 길이)의 방에 장착한다. 3개의 비콘은 −12dbm의 송신 전력으로 송신하며, BLE가 켜져 있는 스마트폰을 데이터 기록을 위한 수신기로 사용한다. 동일한 위치에서 30~60초 간격으로 실내에서 여러 위치에서 비콘과 스마트폰 간 거리에 따른 신호의 세기 값(RSSI)을 기록한다. 방 안에는 가로와 세로 각각 1cm 간격으로 격자 모양의 측정 테이프를 붙여 위치를 측정한다. 이렇게 측정한 데이터의 샘플 예제는 다음과 같다.

표 26 딥러닝 적용을 위한 실내 위치 측량 데이터 예시

Distance A	Distance B	Distance C	Position X	Position Y	Date	Time
0.877462714	0.768608853	1.457214665	122	180	09-Feb	2017 12:20:22.583
1.201608471	1.031228293	1.893498032	122	180	09-Feb	2017 12:20:23.683
1.614344176	1.098872681	2.112560408	122	180	09-Feb	2017 12:20:24.812
1.32037927	1.052934954	0	79	180	09-Feb	2017 12:21:31.166
1.32037927	1.075474284	1.457214665	79	180	09-Feb	2017 12:21:32.281
1.32037927	1.052934954	1.614344176	79	180	09-Feb	2017 12:21:33.402
1.258867168	1.201608471	0	165	180	09-Feb	2017 12:22:43.186
1.201608471	1.052934954	2.112560408	165	180	09-Feb	2017 12:22:44.303
1.258867168	1.010328549	2.233097794	165	180	09-Feb	2017 12:22:45.416
0.97085	1.457214665	1.533095113	122	137	09-Feb	2017 12:24:24.042
1.010328549	1.32037927	1.457214665	122	137	09-Feb	2017 12:24:25.157
1.052934954	1.457214665	1.533095113	122	137	09-Feb	2017 12:24:26.283
0.877462714	0.877462714	2.361508008	122	223	09-Feb	2017 12:25:39.995
0.877462714	0.877462714	2.428796963	122	223	09-Feb	2017 12:25:41.111
0.936929902	0.877462714	2.361508008	122	223	09-Feb	2017 12:25:43.344

6.3 코드 구현과 딥러닝 적용

6.3.1 코드의 구현과 실행

이 데이터를 활용해 실내 위치 정확도를 높이기 위해 학습하는 코드를
주피터 노트북에서 실행한 결과는 다음과 같다. 편집창에 샘플 코드를
복사해 넣고, 'Alt' + 'Enter' 키를 눌러서 실행시킬 수 있다.

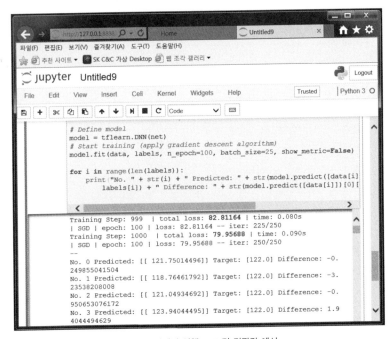

그림 26 딥러닝 실행 코드 및 결괏값 예시

전체 코드는 다음과 같으므로 필요한 사람은 캐글 라이선스 정책을 참조
해, 코드와 데이터를 다운받아 활용하기 바란다.

특히 아래 예제코드 중 get_train_data( ) 함수에서 '('../input/beacon_
readings.csv', 'r')'와 같이 경로를 지정해서 샘플 데이터를 파일로 가져

오므로, 샘플 데이터가 맞는 경로에 있어야 한다.

경로 '('C:/Working/beacon_readings.csv','r')'와 같이 절대 경로로 지정해도 된다.

```python
import numpy as np
import pandas as pd

import tensorflow as tf
import tflearn

from tflearn.layers.conv import conv_1d, max_pool_1d
from tflearn.layers.normalization import batch_normalization,
local_response_normalization

data = []
labels = []

#df = pd.read_csv('../input/beacon_readings.csv')
#data = df.iloc[:, 0:3]
#labels = df.iloc[:, 3]

def get_train_data():
  with open('../input/beacon_readings.csv', 'r') as fp:
    emp_data = fp.readlines()
    X = []
    Y = []
    cnt = 1
    for line in emp_data:
      line = line.strip()
      arr = line.split(',')
      Y.append([ float(arr[3]) ])
```

```
        X.append([ float(arr[0]), float(arr[1]), float(arr[2]) ])
        cnt += 1
        #X.append(int(arr[0]))
    return X, Y


data, labels = get_train_data()

np_data = np.array(data)
np_labels = np.array(labels)

mean_data = []
mean_labels = []

mean_data.append([ np.mean(np_data[0:39, 0]), np.mean(np_
data[0:39, 1]), np.mean(np_data[0:39, 2]) ])
mean_labels.append([ labels[0][0] ])
mean_data.append([ np.mean(np_data[39:91, 0]), np.mean(np_
data[39:91, 1]), np.mean(np_data[39:91, 2]) ])
mean_labels.append([ labels[39][0] ])
mean_data.append([ np.mean(np_data[91:147, 0]), np.mean(np_
data[91:147, 1]), np.mean(np_data[91:147, 2]) ])
mean_labels.append([ labels[91][0] ])
mean_data.append([ np.mean(np_data[147:198, 0]), np.mean(np_
data[147:198, 1]), np.mean(np_data[147:198, 2]) ])
mean_labels.append([ labels[147][0] ])
mean_data.append([ np.mean(np_data[198:250, 0]), np.mean(np_
data[198:250, 1]), np.mean(np_data[198:250, 2]) ])
mean_labels.append([ labels[198][0] ])

'''data = [[0.], [1.]]
labels = [[1.], [0.]]

# Graph definition
```

```
with tf.Graph().as_default():
  g = tflearn.input_data(shape=[None, 1])
  g = tflearn.fully_connected(g, 128, activation='linear')
  g = tflearn.fully_connected(g, 128, activation='linear')
  g = tflearn.fully_connected(g, 1, activation='sigmoid')
  g = tflearn.regression(g, optimizer='sgd', learning_rate=2.,
  loss='mean_square')

  # Model training
  m = tflearn.DNN(g)
  m.fit(data, labels, n_epoch=100, snapshot_epoch=False)
  # Test model
  print('Testing NOT operator')
  print('NOT 0:', m.predict([[0.]]))
  print('NOT 1:', m.predict([[1.]])) '''

# Build neural network
net = tflearn.input_data(shape=[None, 3])
net = batch_normalization(net)
net = tflearn.fully_connected(net, 512, activation='relu',
regularizer='L2')
#net = tflearn.dropout(net, 0.5)
net = batch_normalization(net)
net = tflearn.fully_connected(net, 256, activation='relu',
regularizer='L2')
#net = tflearn.dropout(net, 0.5)
net = batch_normalization(net)
net = tflearn.fully_connected(net, 128, activation='relu',
regularizer='L1')
#net = tflearn.dropout(net, 0.5)
net = batch_normalization(net)
net = tflearn.fully_connected(net, 64, activation='relu',
regularizer='L1')
```

```
#net = tflearn.dropout(net, 0.5)
net = batch_normalization(net)
net = tflearn.fully_connected(net, 128, activation='linear',
regularizer='L1')
#net = tflearn.dropout(net, 0.5)
net = tflearn.fully_connected(net, 1, activation='linear',
regularizer='L1')
#net = tflearn.single_unit(net)
net = tflearn.regression(net, optimizer='sgd', loss='mean_
square', learning_rate=0.01)

# Define model
model = tflearn.DNN(net)
# Start training (apply gradient descent algorithm)
model.fit(data, labels, n_epoch=100, batch_size=25, show_
metric=False)

for i in range(len(labels)):
    print ('No. ' + str(i) + ' Predicted: ' + str(model.
    predict([data[i]])) + ' Target: ' + str(labels[i]) + '
    Difference: ' + str(model.predict([data[i]])[0][0] - labels[i]
    [0]))
```

6.3.2 딥러닝 적용

위의 데이터와 코드로 위치와 정확도를 개선하기 위해 딥러닝을 적용한 결과물은 다음과 같다. 참고로 메모리가 충분치 않을 경우, 실행 중 인덱스 오류가 발생할 수 있다. 최소 기본 메모리 8G 이상을 권고한다. 예제 소스에서는 최소 데모^{Demo} 적용을 위해 비콘 세 곳에서 수신한 값 중 실제 실측한 X 값만을 목표로 학습시키고 있다.

Training Step: 999 | total loss: 137.40742 | time: 0.084s
| SGD | epoch: 100 | loss: 137.40742 -- iter: 225/250
Training Step: 1000 | total loss: 125.03809 | time: 0.094s
| SGD | epoch: 100 | loss: 125.03809 -- iter: 250/250
--
No. 0 Predicted: [[105.75662994]] Target: [122.0] Difference:
-16.2433700562
No. 1 Predicted: [[89.34455109]] Target: [122.0] Difference:
-32.6554489136
No. 2 Predicted: [[116.07407379]] Target: [122.0] Difference:
-5.9259262085
No. 3 Predicted: [[120.88101196]] Target: [122.0] Difference:
-1.11898803711
No. 4 Predicted: [[123.91182709]] Target: [122.0] Difference:
1.9118270874
No. 5 Predicted: [[122.68824005]] Target: [122.0] Difference:
0.68824005127
No. 6 Predicted: [[121.35113525]] Target: [122.0] Difference:
-0.648864746094
No. 7 Predicted: [[120.94992828]] Target: [122.0] Difference:
-1.05007171631
No. 8 Predicted: [[121.39096069]] Target: [122.0] Difference:
-0.609039306641
No. 9 Predicted: [[121.26457977]] Target: [122.0] Difference:
-0.735420227051
No. 10 Predicted: [[121.07649994]] Target: [122.0] Difference:
-0.923500061035
No. 11 Predicted: [[121.26457977]] Target: [122.0] Difference:
-0.735420227051
No. 12 Predicted: [[121.50380707]] Target: [122.0] Difference:
-0.496192932129
No. 13 Predicted: [[121.53470612]] Target: [122.0] Difference:
-0.465293884277

No. 14 Predicted: [[122.29712677]] Target: [122.0] Difference:
0.29712677002
No. 15 Predicted: [[122.23727417]] Target: [122.0] Difference:
0.237274169922
No. 16 Predicted: [[122.31742859]] Target: [122.0] Difference:
0.317428588867
No. 17 Predicted: [[122.23123932]] Target: [122.0] Difference:
0.231239318848
No. 18 Predicted: [[122.09318542]] Target: [122.0] Difference:
0.0931854248047
No. 19 Predicted: [[122.32634735]] Target: [122.0] Difference:
0.326347351074
No. 20 Predicted: [[122.9189682]] Target: [122.0] Difference:
0.918968200684
No. 21 Predicted: [[122.58834839]] Target: [122.0] Difference:
0.588348388672
No. 22 Predicted: [[122.81270599]] Target: [122.0] Difference:
0.812705993652
No. 23 Predicted: [[123.29490662]] Target: [122.0] Difference:
1.29490661621
No. 24 Predicted: [[123.32640076]] Target: [122.0] Difference:
1.32640075684
No. 25 Predicted: [[123.54322052]] Target: [122.0] Difference:
1.54322052002
No. 26 Predicted: [[123.38774872]] Target: [122.0] Difference:
1.38774871826
No. 27 Predicted: [[123.56302643]] Target: [122.0] Difference:
1.56302642822
No. 28 Predicted: [[123.61772919]] Target: [122.0] Difference:
1.61772918701
No. 29 Predicted: [[123.8282547]] Target: [122.0] Difference:
1.82825469971

No. 30 Predicted: [[122.48516083]] Target: [122.0] Difference:
0.485160827637
No. 31 Predicted: [[122.82826233]] Target: [122.0] Difference:
0.828262329102
No. 32 Predicted: [[122.33137512]] Target: [122.0] Difference:
0.33137512207
No. 33 Predicted: [[122.97980499]] Target: [122.0] Difference:
0.979804992676
No. 34 Predicted: [[122.1151123]] Target: [122.0] Difference:
0.115112304688
No. 35 Predicted: [[122.09390259]] Target: [122.0] Difference:
0.0939025878906
No. 36 Predicted: [[121.10939026]] Target: [122.0] Difference:
-0.890609741211
No. 37 Predicted: [[121.03605652]] Target: [122.0] Difference:
-0.963943481445
No. 38 Predicted: [[120.58492279]] Target: [122.0] Difference:
-1.41507720947
No. 39 Predicted: [[58.3038063]] Target: [79.0] Difference:
-20.6961936951
No. 40 Predicted: [[83.85220337]] Target: [79.0] Difference:
4.85220336914
No. 41 Predicted: [[80.3243866]] Target: [79.0] Difference:
1.32438659668
No. 42 Predicted: [[73.71848297]] Target: [79.0] Difference:
-5.28151702881
No. 43 Predicted: [[87.28736115]] Target: [79.0] Difference:
8.28736114502
No. 44 Predicted: [[71.65120697]] Target: [79.0] Difference:
-7.34879302979
No. 45 Predicted: [[69.81999207]] Target: [79.0] Difference:
-9.18000793457

No. 46 Predicted: [[69.49604797]] Target: [79.0] Difference:
-9.50395202637
No. 47 Predicted: [[69.50098419]] Target: [79.0] Difference:
-9.49901580811
No. 48 Predicted: [[69.90528107]] Target: [79.0] Difference:
-9.09471893311
No. 49 Predicted: [[70.16397095]] Target: [79.0] Difference:
-8.83602905273
No. 50 Predicted: [[70.33526611]] Target: [79.0] Difference:
-8.66473388672
No. 51 Predicted: [[70.1416626]] Target: [79.0] Difference:
-8.85833740234
No. 52 Predicted: [[70.4041748]] Target: [79.0] Difference:
-8.59582519531
No. 53 Predicted: [[70.5430603]] Target: [79.0] Difference:
-8.45693969727
No. 54 Predicted: [[70.59350586]] Target: [79.0] Difference:
-8.40649414063
No. 55 Predicted: [[71.10162354]] Target: [79.0] Difference:
-7.89837646484
No. 56 Predicted: [[71.35768127]] Target: [79.0] Difference:
-7.64231872559
No. 57 Predicted: [[71.88202667]] Target: [79.0] Difference:
-7.11797332764
No. 58 Predicted: [[73.29447937]] Target: [79.0] Difference:
-5.70552062988
No. 59 Predicted: [[75.06102753]] Target: [79.0] Difference:
-3.93897247314
No. 60 Predicted: [[76.91366577]] Target: [79.0] Difference:
-2.08633422852
No. 61 Predicted: [[77.35335541]] Target: [79.0] Difference:
-1.64664459229

No. 62 Predicted: [[77.49751282]] Target: [79.0] Difference:
-1.50248718262

No. 63 Predicted: [[77.7301712]] Target: [79.0] Difference:
-1.26982879639

No. 64 Predicted: [[78.9721756]] Target: [79.0] Difference:
-0.0278244018555

No. 65 Predicted: [[79.06227112]] Target: [79.0] Difference:
0.0622711181641

No. 66 Predicted: [[79.38066101]] Target: [79.0] Difference:
0.380661010742

No. 67 Predicted: [[79.9601593]] Target: [79.0] Difference:
0.960159301758

No. 68 Predicted: [[80.21154022]] Target: [79.0] Difference:
1.21154022217

No. 69 Predicted: [[80.66307068]] Target: [79.0] Difference:
1.66307067871

No. 70 Predicted: [[81.94989777]] Target: [79.0] Difference:
2.94989776611

No. 71 Predicted: [[82.71298981]] Target: [79.0] Difference:
3.71298980713

No. 72 Predicted: [[82.73210144]] Target: [79.0] Difference:
3.73210144043

No. 73 Predicted: [[82.68266296]] Target: [79.0] Difference:
3.68266296387

No. 74 Predicted: [[82.6246109]] Target: [79.0] Difference:
3.62461090088

No. 75 Predicted: [[82.47786713]] Target: [79.0] Difference:
3.47786712646

No. 76 Predicted: [[82.67975616]] Target: [79.0] Difference:
3.67975616455

No. 77 Predicted: [[82.64978027]] Target: [79.0] Difference:
3.64978027344

No. 78 Predicted: [[82.84561157]] Target: [79.0] Difference: 3.84561157227

No. 79 Predicted: [[82.72641754]] Target: [79.0] Difference: 3.7264175415

No. 80 Predicted: [[83.12034607]] Target: [79.0] Difference: 4.12034606934

No. 81 Predicted: [[83.01660919]] Target: [79.0] Difference: 4.01660919189

No. 82 Predicted: [[83.82204437]] Target: [79.0] Difference: 4.82204437256

No. 83 Predicted: [[83.53840637]] Target: [79.0] Difference: 4.53840637207

No. 84 Predicted: [[84.15341949]] Target: [79.0] Difference: 5.15341949463

No. 85 Predicted: [[84.62411499]] Target: [79.0] Difference: 5.62411499023

No. 86 Predicted: [[83.10877991]] Target: [79.0] Difference: 4.10877990723

No. 87 Predicted: [[83.4123764]] Target: [79.0] Difference: 4.41237640381

No. 88 Predicted: [[86.23062897]] Target: [79.0] Difference: 7.23062896729

No. 89 Predicted: [[83.15486908]] Target: [79.0] Difference: 4.15486907959

No. 90 Predicted: [[83.61577606]] Target: [79.0] Difference: 4.61577606201

No. 91 Predicted: [[116.10771179]] Target: [165.0] Difference: -48.892288208

No. 92 Predicted: [[123.13735199]] Target: [165.0] Difference: -41.8626480103

No. 93 Predicted: [[166.31915283]] Target: [165.0] Difference: 1.31915283203

No. 94 Predicted: [[159.4414978]] Target: [165.0] Difference:
-5.55850219727
No. 95 Predicted: [[158.9447937]] Target: [165.0] Difference:
-6.05520629883
No. 96 Predicted: [[163.12850952]] Target: [165.0] Difference:
-1.87149047852
No. 97 Predicted: [[165.52554321]] Target: [165.0] Difference:
0.525543212891
No. 98 Predicted: [[164.42443848]] Target: [165.0] Difference:
-0.575561523438
No. 99 Predicted: [[165.73956299]] Target: [165.0] Difference:
0.739562988281
No. 100 Predicted: [[165.1809082]] Target: [165.0] Difference:
0.180908203125
No. 101 Predicted: [[164.71243286]] Target: [165.0] Difference:
-0.287567138672
No. 102 Predicted: [[165.65963745]] Target: [165.0] Difference:
0.659637451172
No. 103 Predicted: [[165.63735962]] Target: [165.0] Difference:
0.637359619141
No. 104 Predicted: [[166.17834473]] Target: [165.0] Difference:
1.17834472656
No. 105 Predicted: [[166.40228271]] Target: [165.0] Difference:
1.40228271484
No. 106 Predicted: [[166.88208008]] Target: [165.0] Difference:
1.88208007813
No. 107 Predicted: [[166.71069336]] Target: [165.0] Difference:
1.71069335938
No. 108 Predicted: [[167.31134033]] Target: [165.0] Difference:
2.31134033203
No. 109 Predicted: [[167.32122803]] Target: [165.0] Difference:
2.32122802734

No. 110 Predicted: [[166.97525024]] Target: [165.0] Difference:
1.97525024414
No. 111 Predicted: [[167.43041992]] Target: [165.0] Difference:
2.43041992188
No. 112 Predicted: [[167.35876465]] Target: [165.0] Difference:
2.35876464844
No. 113 Predicted: [[167.29595947]] Target: [165.0] Difference:
2.29595947266
No. 114 Predicted: [[167.26589966]] Target: [165.0] Difference:
2.2658996582
No. 115 Predicted: [[167.05621338]] Target: [165.0] Difference:
2.05621337891
No. 116 Predicted: [[166.67752075]] Target: [165.0] Difference:
1.67752075195
No. 117 Predicted: [[166.84317017]] Target: [165.0] Difference:
1.84317016602
No. 118 Predicted: [[166.43737793]] Target: [165.0] Difference:
1.43737792969
No. 119 Predicted: [[165.74172974]] Target: [165.0] Difference:
0.741729736328
No. 120 Predicted: [[166.10934448]] Target: [165.0] Difference:
1.10934448242
No. 121 Predicted: [[166.65673828]] Target: [165.0] Difference:
1.65673828125
No. 122 Predicted: [[167.85223389]] Target: [165.0] Difference:
2.85223388672
No. 123 Predicted: [[167.82785034]] Target: [165.0] Difference:
2.8278503418
No. 124 Predicted: [[155.41860962]] Target: [165.0] Difference:
-9.58139038086
No. 125 Predicted: [[167.98596191]] Target: [165.0] Difference:
2.98596191406

No. 126 Predicted: [[167.0184021]] Target: [165.0] Difference: 2.01840209961

No. 127 Predicted: [[166.10830688]] Target: [165.0] Difference: 1.10830688477

No. 128 Predicted: [[166.7649231]] Target: [165.0] Difference: 1.7649230957

No. 129 Predicted: [[165.88424683]] Target: [165.0] Difference: 0.884246826172

No. 130 Predicted: [[165.37579346]] Target: [165.0] Difference: 0.375793457031

No. 131 Predicted: [[167.86026001]] Target: [165.0] Difference: 2.86026000977

No. 132 Predicted: [[159.65802002]] Target: [165.0] Difference: -5.34197998047

No. 133 Predicted: [[165.37145996]] Target: [165.0] Difference: 0.371459960938

No. 134 Predicted: [[167.50442505]] Target: [165.0] Difference: 2.50442504883

No. 135 Predicted: [[168.22683716]] Target: [165.0] Difference: 3.2268371582

No. 136 Predicted: [[167.53573608]] Target: [165.0] Difference: 2.53573608398

No. 137 Predicted: [[167.66256714]] Target: [165.0] Difference: 2.66256713867

No. 138 Predicted: [[167.77355957]] Target: [165.0] Difference: 2.77355957031

No. 139 Predicted: [[166.90463257]] Target: [165.0] Difference: 1.90463256836

No. 140 Predicted: [[165.93084717]] Target: [165.0] Difference: 0.930847167969

No. 141 Predicted: [[166.16921997]] Target: [165.0] Difference: 1.1692199707

No. 142 Predicted: [[166.55557251]] Target: [165.0] Difference: 1.55557250977

No. 143 Predicted: [[166.63549805]] Target: [165.0] Difference: 1.63549804688

No. 144 Predicted: [[167.02832031]] Target: [165.0] Difference: 2.0283203125

No. 145 Predicted: [[166.17532349]] Target: [165.0] Difference: 1.17532348633

No. 146 Predicted: [[166.8074646]] Target: [165.0] Difference: 1.80746459961

No. 147 Predicted: [[126.00353241]] Target: [122.0] Difference: 4.00353240967

No. 148 Predicted: [[126.72531128]] Target: [122.0] Difference: 4.7253112793

No. 149 Predicted: [[126.66861725]] Target: [122.0] Difference: 4.66861724854

No. 150 Predicted: [[126.02310944]] Target: [122.0] Difference: 4.02310943604

No. 151 Predicted: [[126.64274597]] Target: [122.0] Difference: 4.64274597168

No. 152 Predicted: [[126.16122437]] Target: [122.0] Difference: 4.16122436523

No. 153 Predicted: [[126.4794693]] Target: [122.0] Difference: 4.47946929932

No. 154 Predicted: [[126.37226105]] Target: [122.0] Difference: 4.37226104736

No. 155 Predicted: [[126.71323395]] Target: [122.0] Difference: 4.71323394775

No. 156 Predicted: [[126.40019226]] Target: [122.0] Difference: 4.40019226074

No. 157 Predicted: [[126.63614655]] Target: [122.0] Difference: 4.63614654541

No. 158 Predicted: [[126.53677368]] Target: [122.0] Difference:
4.53677368164

No. 159 Predicted: [[126.48468781]] Target: [122.0] Difference:
4.48468780518

No. 160 Predicted: [[126.08546448]] Target: [122.0] Difference:
4.08546447754

No. 161 Predicted: [[126.59609222]] Target: [122.0] Difference:
4.59609222412

No. 162 Predicted: [[126.54026031]] Target: [122.0] Difference:
4.54026031494

No. 163 Predicted: [[126.64209747]] Target: [122.0] Difference:
4.64209747314

No. 164 Predicted: [[127.16912079]] Target: [122.0] Difference:
5.16912078857

No. 165 Predicted: [[127.14608002]] Target: [122.0] Difference:
5.14608001709

No. 166 Predicted: [[127.17743683]] Target: [122.0] Difference:
5.17743682861

No. 167 Predicted: [[127.20066071]] Target: [122.0] Difference:
5.20066070557

No. 168 Predicted: [[127.45249939]] Target: [122.0] Difference:
5.45249938965

No. 169 Predicted: [[126.85686493]] Target: [122.0] Difference:
4.8568649292

No. 170 Predicted: [[126.95871735]] Target: [122.0] Difference:
4.95871734619

No. 171 Predicted: [[127.48110962]] Target: [122.0] Difference:
5.48110961914

No. 172 Predicted: [[127.31746674]] Target: [122.0] Difference:
5.31746673584

No. 173 Predicted: [[127.34667206]] Target: [122.0] Difference:
5.34667205811

No. 174 Predicted: [[127.42887878]] Target: [122.0] Difference: 5.42887878418

No. 175 Predicted: [[127.24613953]] Target: [122.0] Difference: 5.24613952637

No. 176 Predicted: [[127.13155365]] Target: [122.0] Difference: 5.1315536499

No. 177 Predicted: [[126.61862183]] Target: [122.0] Difference: 4.61862182617

No. 178 Predicted: [[126.23231506]] Target: [122.0] Difference: 4.23231506348

No. 179 Predicted: [[126.76798248]] Target: [122.0] Difference: 4.76798248291

No. 180 Predicted: [[127.25327301]] Target: [122.0] Difference: 5.25327301025

No. 181 Predicted: [[127.14897919]] Target: [122.0] Difference: 5.14897918701

No. 182 Predicted: [[126.68826294]] Target: [122.0] Difference: 4.68826293945

No. 183 Predicted: [[126.63825989]] Target: [122.0] Difference: 4.6382598877

No. 184 Predicted: [[126.5307312]] Target: [122.0] Difference: 4.53073120117

No. 185 Predicted: [[126.11885834]] Target: [122.0] Difference: 4.1188583374

No. 186 Predicted: [[126.26285553]] Target: [122.0] Difference: 4.26285552979

No. 187 Predicted: [[126.28730774]] Target: [122.0] Difference: 4.28730773926

No. 188 Predicted: [[126.02266693]] Target: [122.0] Difference: 4.02266693115

No. 189 Predicted: [[125.4461441]] Target: [122.0] Difference: 3.446144104

No. 190 Predicted: [[125.34605408]] Target: [122.0] Difference: 3.34605407715

No. 191 Predicted: [[125.33648682]] Target: [122.0] Difference: 3.33648681641

No. 192 Predicted: [[125.38392639]] Target: [122.0] Difference: 3.3839263916

No. 193 Predicted: [[125.4436264]] Target: [122.0] Difference: 3.44362640381

No. 194 Predicted: [[125.55731201]] Target: [122.0] Difference: 3.55731201172

No. 195 Predicted: [[126.24350739]] Target: [122.0] Difference: 4.24350738525

No. 196 Predicted: [[127.71429443]] Target: [122.0] Difference: 5.71429443359

No. 197 Predicted: [[127.85774994]] Target: [122.0] Difference: 5.85774993896

No. 198 Predicted: [[119.09625244]] Target: [122.0] Difference: -2.90374755859

No. 199 Predicted: [[119.51480865]] Target: [122.0] Difference: -2.48519134521

No. 200 Predicted: [[117.43754578]] Target: [122.0] Difference: -4.56245422363

No. 201 Predicted: [[119.52820587]] Target: [122.0] Difference: -2.47179412842

No. 202 Predicted: [[119.82146454]] Target: [122.0] Difference: -2.17853546143

No. 203 Predicted: [[117.92606354]] Target: [122.0] Difference: -4.0739364624

No. 204 Predicted: [[118.4305191]] Target: [122.0] Difference: -3.569480896

No. 205 Predicted: [[118.53012085]] Target: [122.0] Difference: -3.46987915039

No. 206 Predicted: [[120.03185272]] Target: [122.0] Difference: -1.96814727783
No. 207 Predicted: [[118.67756653]] Target: [122.0] Difference: -3.32243347168
No. 208 Predicted: [[120.4276123]] Target: [122.0] Difference: -1.57238769531
No. 209 Predicted: [[119.62693787]] Target: [122.0] Difference: -2.37306213379
No. 210 Predicted: [[119.85449982]] Target: [122.0] Difference: -2.14550018311
No. 211 Predicted: [[119.72612]] Target: [122.0] Difference: -2.27388000488
No. 212 Predicted: [[119.592659]] Target: [122.0] Difference: -2.40734100342
No. 213 Predicted: [[119.52089691]] Target: [122.0] Difference: -2.47910308838
No. 214 Predicted: [[119.71500397]] Target: [122.0] Difference: -2.28499603271
No. 215 Predicted: [[120.00938416]] Target: [122.0] Difference: -1.99061584473
No. 216 Predicted: [[120.09700775]] Target: [122.0] Difference: -1.90299224854
No. 217 Predicted: [[119.56539154]] Target: [122.0] Difference: -2.43460845947
No. 218 Predicted: [[119.7333374]] Target: [122.0] Difference: -2.26666259766
No. 219 Predicted: [[119.86417389]] Target: [122.0] Difference: -2.13582611084
No. 220 Predicted: [[119.69685364]] Target: [122.0] Difference: -2.3031463623
No. 221 Predicted: [[119.63465881]] Target: [122.0] Difference: -2.36534118652

No. 222 Predicted: [[119.45794678]] Target: [122.0] Difference: -2.54205322266

No. 223 Predicted: [[119.18625641]] Target: [122.0] Difference: -2.81374359131

No. 224 Predicted: [[119.01094055]] Target: [122.0] Difference: -2.98905944824

No. 225 Predicted: [[112.92469025]] Target: [122.0] Difference: -9.07530975342

No. 226 Predicted: [[119.61993408]] Target: [122.0] Difference: -2.38006591797

No. 227 Predicted: [[120.15287018]] Target: [122.0] Difference: -1.84712982178

No. 228 Predicted: [[120.24694061]] Target: [122.0] Difference: -1.75305938721

No. 229 Predicted: [[120.33725739]] Target: [122.0] Difference: -1.66274261475

No. 230 Predicted: [[107.10582733]] Target: [122.0] Difference: -14.8941726685

No. 231 Predicted: [[119.30540466]] Target: [122.0] Difference: -2.69459533691

No. 232 Predicted: [[118.37075043]] Target: [122.0] Difference: -3.62924957275

No. 233 Predicted: [[117.27370453]] Target: [122.0] Difference: -4.72629547119

No. 234 Predicted: [[115.38475037]] Target: [122.0] Difference: -6.61524963379

No. 235 Predicted: [[117.16893005]] Target: [122.0] Difference: -4.83106994629

No. 236 Predicted: [[117.62103271]] Target: [122.0] Difference: -4.37896728516

No. 237 Predicted: [[112.23190308]] Target: [122.0] Difference: -9.76809692383

No. 238 Predicted: [[106.73989105]] Target: [122.0] Difference:
-15.2601089478
No. 239 Predicted: [[113.47559357]] Target: [122.0] Difference:
-8.52440643311
No. 240 Predicted: [[112.73705292]] Target: [122.0] Difference:
-9.26294708252
No. 241 Predicted: [[119.34169769]] Target: [122.0] Difference:
-2.65830230713
No. 242 Predicted: [[118.9010849]] Target: [122.0] Difference:
-3.0989151001
No. 243 Predicted: [[119.1256485]] Target: [122.0] Difference:
-2.87435150146
No. 244 Predicted: [[118.87024689]] Target: [122.0] Difference:
-3.12975311279
No. 245 Predicted: [[118.80838776]] Target: [122.0] Difference:
-3.19161224365
No. 246 Predicted: [[118.75773621]] Target: [122.0] Difference:
-3.24226379395
No. 247 Predicted: [[113.16973114]] Target: [122.0] Difference:
-8.83026885986
No. 248 Predicted: [[119.17179871]] Target: [122.0] Difference:
-2.82820129395
No. 249 Predicted: [[119.10977936]] Target: [122.0] Difference:
-2.89022064209

결과에서 알 수 있듯이, 세 곳의 비콘에서 수신된 값과 실측한 X 값을 목
표로 딥러닝 연산을 반복해 학습시키고 있다. 비콘의 수신 값이 실측한
X 값을 기준으로 학습 연산을 반복할수록 기존 X 값에 해당하는 수치에
가까워진다는 것을 알 수 있다. 들쭉날쭉한 비콘의 신호를 안정되게 예
측하도록 학습시키는 실내 위치 측위 알고리즘 개선 모형이다. 향후 사

용자는 학습시킨 파일과 개선된 알고리즘을 별도로 저장해 놓았다가 새로운 값이 수신될 경우, 이를 이용해 실내 위치를 정교하게 측정하는 데 사용할 수 있다.

6.3.3 인공지능 동작 이해

앞에서 진행한 내용을 요약해보면, 먼저 과학적 관찰과 콘텐츠 룰을 통해 가치 있는 지표와 공식을 찾아서 증명했다. 이후 역량 개발을 목적으로 업무 환경을 세트업하고 역량 등급을 높이기 위해 필요한 경로를 찾아가는 콘텐츠 룰을 학습시켜 IT 및 IoT 데이터를 기반으로 각 개개인이 최적의 역량을 올릴 수 있도록 하는 인공지능 설계를 제시했다.

실제 인공지능 구축 및 딥러닝 사례에서는 독자의 발전을 위해 캐글의 데이터와 시나리오를 인용해 독자들에게 필요한 개발 환경 세팅과 실습 환경을 제공했다.

무의미한 데이터들 속에서 의미를 찾는 방식과, 인간에게 가치를 줄 것 같은 공식(콘텐츠 룰)을 관찰해 학습시킨 후 이를 활용하는 것은 다른 접근 방식이다. 아무리 좋다고 하더라도, 사람들에게 가치를 주지 못하는 기술은 사실 의미가 없기 때문이다.

인공지능은 데이터와 사회 가치에 대한 관찰과 통찰을 통해 발견한 콘텐츠 룰을 컴퓨터에게 학습시키고 최적화해, 이를 토대로 사회에 가치를 주기 위한 발명 활동이다.

알파고가 바둑을 이기기 위한 콘텐츠 룰을 발견해 수십 조원의 투자를 받았다. 실제 사회에 가치를 주는 발견은 아니었어도 말이다. 사실 기계와 인간이 바둑을 둔다는 것은 난센스^{Nonsense}다. 하지만 사람들의 관심을 끌기에 충분했던 것 같다. 어차피 먼저 투자를 받아 기술을 선점하는 사람이 미래의 주인이 되는 것이다.

앞으로 무궁무진한 콘텐츠 룰들이 발견을 기다리고 있다. 이제 먼저 실행에 옮기는 여러분들의 손에 인류의 미래가 달렸다고 해도 과언이 아니다.

100억 원을 가진 사람에게 1억 원은 큰 돈이 아니다. 하지만 10억 원을 가진 사람에게 1억 원은 큰 돈이다. 투자한다는 것이 상대적이고 쉽지 않다는 뜻이다.

알파고는 구글이 투자를 이끌어 내기 위한 쇼였다. 알파고가 이세돌을 이긴 이후에 페니실린 수준으로 인류에 기여하는 AI 서비스를 만들었는가? 그렇지 않다.

실제 이길 수 있는 경우의 수와 패턴이 정해져 있는 게임에서는 사람이 기계를 이길 수 없다. 그냥 대중의 관심을 얻었고, 수많은 투자자를 불러들이는 데 성공했을 뿐이다.

하지만 투자를 통해 동력을 확보하면, 누구보다도 먼저 새로운 공식과 사실을 발견해낼 수 있게 된다. 이것이 구글의 셈법이다.

이렇듯이 여러분이 만약 데이터 과학과 AI 서비스에 관심이 있다면, 최소한의 공식 발견과 증명에 몰두할 것을 권하고 싶다. 이후 조직 내에서 인정 받아 리더로 성장하거나 외부의 투자를 받는 것을 목표로 해야 한다. 그 이후에 사회의 리더로 성장할 기회를 얻게 된다.

역사를 통해 보면, 기존에 있는 자원과 시스템에서 경쟁하게 될 경우, 실력이 있다고 해서 조직에서 성공하는 것은 아니다. 오히려 모함을 당하거나 제거되기도 한다. 이제는 다르게 보자. 한정적인 시장에서 다툴 것이 아니라 새로운 영역에서 미래의 가치를 만들고, 사회의 리더로 다 같이 성장하자는 것이다.

사람은 최소한 한 가지 이상이 적성과 본능을 DNA 코드로 갖고 있다고 한다. 새로운 영역을 창조하는 것은 어렵지만, 본인이 갖고 있는 적성과 본능을 일깨운다면 가능하다. 이후 필요한 것은 이를 발전시키기 위한 교육과 투자다.

그 동안의 영역은 AI 서비스에게 물려주고, 인류는 새로운 가치를 찾아나설 때다.

찾아보기

 에이콘출판의 기틀을 마련하신 故 정완재 선생님 (1935-2004)

4차 산업혁명 기술 원리

새로운 비즈니스를 발견하고 실현하기를 원하는
투자자와 일반인, 엔지니어 모두를 위한 책

발　행 | 2017년 8월 31일

지은이 | 임 성 열

펴낸이 | 권 성 준
편집장 | 황 영 주
편　집 | 이 지 은
디자인 | 박 주 란

에이콘출판주식회사
서울특별시 양천구 국회대로 287 (목동)
전화 02-2653-7600, 팩스 02-2653-0433
www.acornpub.co.kr / editor@acornpub.co.kr

한국어판 ⓒ 에이콘출판주식회사, 2017, Printed in Korea.
ISBN 979-11-6175-043-9
ISBN 978-89-6077-446-9 (세트)
http://www.acornpub.co.kr/book/fourth-industrial-revolution
이 도서의 국립중앙도서관 출판시도서목록(CIP)은 서지정보유통지원시스템 홈페
이지(http://seoji.nl.go.kr)와 국가자료공동목록시스템(http://www.nl.go.kr/
kolisnet)에서 이용하실 수 있습니다.(CIP제어번호: CIP2017021284)

책값은 뒤표지에 있습니다.